水利系统部门整体支出绩效评价的思考与探索

周维伟　王江　刘鹏　汪学怡　著

机械工业出版社

部门整体支出绩效管理涉及单位的战略、机构设置、部门职责、绩效目标、制度建设、预算与决算管理、绩效跟踪管理、绩效评价、绩效评价结果应用等多方面内容，它不仅能反映单位履职的能力，判定该单位支出的必要性，还能提高单位预算整体支出的效率和效益，提高公共服务供给质量，增强政府公信力和执行力。

本书以《中共中央　国务院关于全面实施预算绩效管理的意见》（中发〔2018〕34号）提出的建立全过程预算绩效管理链条的要求为主线，以部门整体支出绩效评价为落脚点，对部门整体支出绩效管理进行全面探析，着重介绍了部门整体支出绩效管理的理论体系、水利系统某单位部门整体支出绩效评价分析、部门整体支出绩效评价的基本内容、部门整体支出事前绩效评估机制、部门整体支出绩效目标管理、部门整体支出绩效跟踪监控管理、部门整体支出绩效评价管理、部门整体支出绩效评价结果管理等内容，阐述了水利系统部门整体支出绩效管理的保障措施，展望了未来我国绩效预算改革的发展路径。

本书的读者对象为水利系统绩效管理的直接从业人员。

图书在版编目（CIP）数据

水利系统部门整体支出绩效评价的思考与探索/周维伟等著 . —北京：机械工业出版社，2019.7

ISBN 978-7-111-62945-0

Ⅰ. ①水… Ⅱ. ①周… Ⅲ. ①水利系统 – 财政支出 – 经济评价 – 中国 Ⅳ. ①F426.9

中国版本图书馆 CIP 数据核字（2019）第 114550 号

机械工业出版社（北京市百万庄大街22号　邮政编码100037）

策划编辑：曹俊玲　　责任编辑：曹俊玲　吴　洁

责任校对：肖　琳　　封面设计：张　静

责任印制：张　博

三河市国英印务有限公司印刷

2019年8月第1版第1次印刷

169mm×239mm・11.75印张・1插页・184千字

标准书号：ISBN 978-7-111-62945-0

定价：49.80元

电话服务　　　　　　　　网络服务

客服电话：010-88361066　机　工　官　网：www.cmpbook.com
　　　　　010-88379833　机　工　官　博：weibo.com/cmp1952
　　　　　010-68326294　金　书　网：www.golden-book.com

封底无防伪标均为盗版　机工教育服务网：www.cmpedu.com

前 言

"绩效"一词大众已是耳熟能详,"绩效"不仅事关个人收入,还反映企业效益和政府服务能力。其实,"绩效"在宋朝就已然出现在公文中,如王安石在《追官勒停人国子博士沈扶国子博士制》中称赞沈扶"尔行义智能,有闻于家,久于使事,绩效可称"。文中的绩效为功绩之意,可见古代的"绩效"与现代的"绩效"在内涵上基本是一致的。

现代"绩效"(performance)的概念来源于管理学,牛津词典将其解释为"履行""执行""表现""行为""完成",后被引申为完成的结果、执行的效果,反映的是人们从事某一种活动的投入产出情况,投入表现为人力、物力、时间等物质资源,产出表现为工作任务在数量、质量及效率方面的完成情况。绩效就是结果和进展情况的最后体现,是投入了要素之后的产出,付出了成本之后的收益,直接反映产出和结果的合理性、有效性,即效益、效率和效果情况。

"绩效"也是"绩"和"效"的有机结合。"绩"指成绩、业绩,它主要关注是否实现了预定目标、预设任务是否完成、产出是什么等,侧重于反映量的内容;而"效"则指效果、效益、效率,包括产生了何种影响或效益、完成任务的资源投入产出效率如何以及资金节约如何等,侧重于反映质的成果。

绩效管理最开始被作为企业管理的一种工具,其目的是通过特定目标管理以实现企业效益的提高。到了20世纪二三十年代,政府公共管理开始引入了绩效的概念,这一概念在20世纪八九十年代被广泛用于西方国家政府公共管理过程中,其目的是通过在政府支出管理过程中设置定量化的效果目标,评价公共服务质量和公共支出效果,并将评价结果与财政预算联系起来,提高公共资金的使用效益。

2001年,财政部成立课题组对如何借鉴西方国家公共支出绩效考评制度进行了系统研究。2003年,党的十六届三中全会首次提出了"建立预算绩效评价体系"的设想，随后预算绩效管理在中央和地方逐步开展，财政项目支出绩效管理开始试点。经过不断的实践与改革，2011年，财政部发布《财政部关于推进预算绩效管理的指导意见》（财预〔2011〕416号），将预算绩效管理定义为一个由绩效目标管理、绩效运行跟踪监控管理、绩效评价实施管理、绩效评价结果反馈和应用管理共同组成的综合系统。文件要求推进预算绩效管理，要将绩效理念融入预算管理全过程，使之与预算编制、预算执行、预算监督一起成为预算管理的有机组成部分，逐步建立"预算编制有目标、预算执行有监控、预算完成有评价、评价结果有反馈、反馈结果有应用"的预算绩效管理机制。

在2012年党的十八大召开以后，预算绩效管理改革进入快车道。党的十八大要求"创新行政管理方式，提高政府公信力和执行力，推进政府绩效管理"，十八届三中全会首次明确了财政是国家治理的基础和重要支柱，并提出预算审核的重点由平衡状态、赤字规模向支出预算和政策拓展，推进国家治理能力和治理体系的现代化，特别强调改进预算管理制度，增强财政预算透明度，实现预算绩效管理。2014年修正的《中华人民共和国预算法》颁布，为在全国开展预算绩效管理提供了法律保障，要求"各级政府、各部门、各单位应当对预算支出情况开展绩效评价"。2017年，党的十九大进一步提出"加快建立现代财政制度，建立权责清晰、财力协调、区域均衡的中央和地方财政关系。建立全面规范透明、标准科学、约束有力的预算制度，全面实施绩效管理"，建立和完善预算绩效管理制度成为新时代财政体制改革的方向。2018年，《中共中央 国务院关于全面实施预算绩效管理的意见》中明确要求实施部门和单位预算绩效管理，对新时代全面实施预算绩效管理做出了顶层设计和重大部署。

从引入绩效管理设想到全面实施预算绩效管理，从项目支出试点到部门预算绩效管理，预算绩效管理的广度和深度在探索中不断推进与加强。部门预算绩效管理作为当前政府财政工作的重点，也是改革推进的难点，已经有很多地方政府和部门开展了这方面的探索并在网上公示了相关信息。例如，云南省财政厅2017年在其官网上开设了"部门整体支出绩效自评报告"公开专栏，人们可通过"重点领域信息公开→云南省预算绩效信息公开→绩效评价报告公开→部门整体支出绩效自评报告"路径，查阅从2016

年起云南省相关部门的《部门整体支出绩效自评报告》；湖南省常德市行政审批服务局于 2018 年 9 月在其官网上发布了《2017 年度部门整体支出绩效报告》；湖南省郴州市宜章县人民政府在其官网上开设专栏，可通过"信息公开→财政信息→财政资金绩效"路径，查询到下属部分相关单位的《2017 年度部门整体支出绩效自评报告》。相信在不久的将来，我国所有政府部门的部门整体支出绩效报告都能够在网上公示，供纳税人查阅。

云南省财政厅公示的《部门整体支出绩效自评报告》按照固定格式编制，具体见下表，其他部门整体支出绩效报告的内容也大体相同，在部分内容的翔实程度上存在差异。

一、部门基本情况	（一）部门概况	1. 主要职能
		2. 机构情况，包括当年变动情况及原因
		3. 人员情况，包括当年变动情况及原因
	（二）部门绩效目标的设立情况	1. 产出指标 2. 效益指标 3. 满意指标
	（三）部门整体收支情况	
	（四）部门预算管理制度建设情况	
二、绩效自评工作情况	（一）绩效自评的目的	
	（二）自评组织过程	1. 前期准备
		2. 组织实施
三、评价情况分析及综合评价结论		
四、存在的问题和整改情况		
五、绩效自评结果应用		
六、主要经验及做法		
七、其他需说明的情况		

纳税人阅读部门整体支出绩效自评报告后，能够对该部门的职责、花了多少钱、办了多少事、办事的效果怎样、存在多少不足、解决的方法是什么有大致的了解。但是，这些绩效报告还存在绩效目标不够量化、内容不够细致、问题解决措施无时间节点及深度和广度不够等问题，需要对部门整体支出绩效管理进行系统的思考和探索。

2014 年，水利部启动了单位整体支出绩效评价试点工作，选取了黄河水利委员会三门峡库区水文水资源局和淮河水利委员会水环境中心两家部属单位作为单位整体支出绩效管理试点单位，开展整体支出绩效评价试点。2015 年，选取了七家部属单位作为部门支出绩效管理试点单位。2016 年、2017 年，选取了九家部属单位作为整体支出绩效管理试点单位。通过上述试点，水利系统在部门整体支出绩效管理方面积累了丰富的实践经验和理论支撑。

本书以水利系统某单位为案例，按照全面实施绩效管理的要求，以部门整体支出绩效评价为落脚点，对部门整体支出绩效管理进行系统的梳理，为规范政府部门整体支出绩效管理提供参考，为部门整体支出绩效第三方评价提供案例，使得公示的部门整体支出绩效报告能够更充分地回应纳税人所关注的部门设置情况、人员情况、预算决算情况、部门履职情况、基本支出与项目支出情况、绩效目标设置及完成情况、预算管理水平、产出和效果等，从而提高财政资金的使用效率和效益，加强纳税人对财政资金的监督，推动我国财政改革向更深层次发展。

作 者

目 录

前 言

第一章 导论 1
  第一节 研究背景与研究意义 1
    一、研究背景 1
    二、研究意义 5
  第二节 国内外理论综述 6
    一、国外理论综述 6
    二、国内理论综述 11
  第三节 国内外绩效管理实践 14
    一、国外绩效管理实践 14
    二、国内部门整体支出绩效管理实践 17
  参考文献 25

第二章 部门整体支出绩效管理的理论体系 27
  第一节 相关概念的梳理 27
    一、绩效与预算绩效 27
    二、预算绩效管理与预算支出绩效评价 29
    三、部门预算支出绩效管理 33
  第二节 部门整体支出绩效评价的内涵与特征 34
    一、部门整体支出绩效评价的内涵 34
    二、部门整体支出绩效评价的特征 35
  第三节 明确部门整体支出绩效评价的几个关系 35
    一、部门整体支出绩效评价与政府部门绩效评价的关系 36
    二、部门整体支出绩效评价与部门行政效能评价的关系 36
    三、部门整体支出绩效评价与项目支出绩效评价的关系 38
  参考文献 39

第三章　水利系统某单位部门整体支出绩效评价分析 … 40

第一节　水利系统部门整体支出绩效评价的发展进程 … 40

一、水利部近年来单位整体支出绩效评价探索与经验 … 40

二、水利系统某单位概况 … 44

三、试点单位部门整体支出绩效评价及经验 … 44

四、试点单位部门整体支出绩效评价发现的问题 … 46

第二节　水利系统部门整体支出绩效评价的重点和难点 … 47

一、水利系统部门整体支出绩效评价的重点 … 47

二、水利系统部门整体支出绩效评价的难点 … 48

参考文献 … 50

第四章　部门整体支出绩效评价的基本内容 … 51

第一节　部门整体支出绩效评价的主体 … 51

一、财政部门 … 51

二、预算部门 … 52

三、第三方评价机构 … 52

第二节　部门整体支出绩效评价的客体 … 56

一、部门整体支出绩效评价的对象 … 56

二、部门整体支出绩效评价的主要内容 … 56

第三节　部门整体支出绩效评价方法的选择 … 57

一、部门整体支出绩效评价的方法 … 57

二、部门整体支出绩效评价方法的选择依据 … 62

参考文献 … 63

第五章　部门整体支出事前绩效评估机制 … 64

第一节　部门整体支出事前绩效评估的基本要素 … 65

一、基本概念的界定 … 65

二、事前评估的范围和内容 … 65

三、事前评估的主体 … 66

第二节　事前评估的重点和难点 … 66

一、部门战略规划与预算编制的一致性 … 66

二、绩效目标设置与部门职能的匹配性 … 67

三、评估方向的确定与评估目标的一致性 ………………………………… 68

　　四、评估指标体系的设计更为严密 ………………………………………… 68

　　五、评估成果的应用 ………………………………………………………… 69

第三节　事前评估重点和难点的解决途径 …………………………………… 69

　　一、保持战略规划与预算决策的一致性 …………………………………… 70

　　二、建立分级目标管理体系 ………………………………………………… 71

　　三、分清主次，确定评估重点及优先序 …………………………………… 72

　　四、合理确定评估指标体系，提高评估的全面性与科学性 ……………… 73

　　五、强化评估结果的应用 …………………………………………………… 73

参考文献 ………………………………………………………………………… 74

第六章　部门整体支出绩效目标管理 ………………………………………… 75

第一节　部门整体支出绩效目标的设定 ……………………………………… 75

　　一、部门整体支出绩效目标的主要内容及作用 …………………………… 75

　　二、部门整体支出绩效目标的编制要求 …………………………………… 77

　　三、部门整体支出绩效目标的编制难点 …………………………………… 78

　　四、部门整体支出绩效目标的申报步骤 …………………………………… 79

　　五、加强绩效目标管理的措施 ……………………………………………… 81

第二节　部门整体支出绩效目标的审核 ……………………………………… 83

　　一、绩效目标的审核依据 …………………………………………………… 83

　　二、绩效目标的审核要点 …………………………………………………… 84

　　三、绩效目标的审核方式 …………………………………………………… 85

　　四、绩效目标审核的意见反馈和完善 ……………………………………… 86

第三节　部门整体支出绩效目标的批复 ……………………………………… 86

参考文献 ………………………………………………………………………… 87

第七章　部门整体支出绩效跟踪监控管理 …………………………………… 88

第一节　部门整体支出绩效跟踪监控的主要内容 …………………………… 88

　　一、绩效跟踪监控的作用 …………………………………………………… 88

　　二、绩效跟踪监控的主要内容 ……………………………………………… 89

　　三、绩效跟踪监控的实施方式 ……………………………………………… 90

　　四、绩效跟踪监控的基本要求 ……………………………………………… 91

五、绩效跟踪监控的实施程序 ……………………………………… 92
第二节　部门整体支出绩效跟踪监控管理的主要环节 ……………………… 93
　　一、绩效运行信息收集 …………………………………………… 93
　　二、绩效运行信息分析 …………………………………………… 95
　　三、绩效运行监控报告形成 ……………………………………… 95
第三节　加强部门整体支出绩效监控管理的措施 …………………………… 96
　　一、充分运用预算绩效监控信息，实现绩效监控和预算执行管理的相互促进 … 96
　　二、加强重点监控 ………………………………………………… 96
　　三、强化部门的责任意识 ………………………………………… 97
　　四、加强部门决算管理 …………………………………………… 97
　　五、强化对数据信息的收集与分析，建立强有力的绩效运行信息系统 …… 97
　　六、以建立责任制度为基础，形成对绩效监控的有效运行机制 …………… 97
参考文献 ………………………………………………………………………… 98

第八章　部门整体支出绩效评价管理 ……………………………………… 99
第一节　部门整体支出绩效评价指标体系的制定 …………………………… 99
　　一、构建绩效评价指标体系的基本原则 ………………………… 99
　　二、构建绩效评价指标体系的方法 ……………………………… 101
　　三、构建绩效评价指标体系的文件依据 ………………………… 102
　　四、设计绩效评价指标体系的步骤 ……………………………… 103
　　五、绩效评价指标的分类 ………………………………………… 104
　　六、绩效评价标准 ………………………………………………… 107
　　七、构建绩效评价指标的注意事项 ……………………………… 108
　　八、水利系统部门整体支出绩效评价指标体系探索 …………… 110
第二节　水利系统部门整体支出绩效评价流程及节点 ……………………… 111
　　一、评价准备阶段 ………………………………………………… 112
　　二、评价实施阶段 ………………………………………………… 115
　　三、评价结果形成阶段 …………………………………………… 137
第三节　部门整体支出绩效评价报告的撰写格式 …………………………… 139
　　一、部门概述 ……………………………………………………… 139
　　二、评价工作简述 ………………………………………………… 140
　　三、总结评价结论 ………………………………………………… 140

四、绩效管理和实现过程分析 …………………………………………… 140

　　五、存在的主要问题及相关建议 ………………………………………… 141

　　六、其他需要说明的问题 ………………………………………………… 141

　　七、附表 …………………………………………………………………… 141

第四节　深化部门整体支出绩效评价管理的措施 …………………………… 145

　　一、实施"扩面增点"工程，着力推进绩效评价的全覆盖和重点突破 …… 145

　　二、加大对第三方评价力量的培育和引入，完善多元化评价管理格局 … 145

　　三、健全绩效评价指标体系，夯实绩效评价管理的基础 ……………… 146

　　四、加强绩效管理数据库建设，开发与绩效评价相配套的信息系统 … 146

　　五、推进再评价工作的开展，建立由上对下的绩效评价质量控制机制 … 147

参考文献 …………………………………………………………………………… 148

第九章　部门整体支出绩效评价结果管理 ………………………………… 149

第一节　部门整体支出绩效评价结果的形成 ………………………………… 149

　　一、绩效评价结果的主要形式 …………………………………………… 149

　　二、绩效评价结果的衡量方式 …………………………………………… 150

　　三、绩效评价结果应用的主要内容 ……………………………………… 151

第二节　部门整体支出绩效评价结果管理的主要环节 ……………………… 154

　　一、绩效评价结果反馈 …………………………………………………… 155

　　二、绩效评价结果应用 …………………………………………………… 156

　　三、绩效评价结果问责 …………………………………………………… 157

第三节　完善部门整体支出绩效评价结果管理的措施 ……………………… 158

　　一、以提高绩效评价结果质量为抓手，保证评价结果"好用" ………… 158

　　二、以建立"评用结合、有评必用"的责任机制为核心，促使评价结果
　　　　"用好" …………………………………………………………………… 159

　　三、以扩大向社会公开为保障，实现评价结果应用有监督 …………… 159

参考文献 …………………………………………………………………………… 160

第十章　水利系统部门整体支出绩效管理的保障措施 …………………… 161

第一节　编制部门中期预算 …………………………………………………… 161

　　一、编制部门中期预算的重要性 ………………………………………… 161

　　二、编制部门中期预算的前提条件 ……………………………………… 162

三、部门中期预算框架编制的内容 ……………………………………… 163
　第二节　进一步提高部门预算透明度 ………………………………………… 165
　　一、进一步加大预算信息公开力度 ……………………………………… 166
　　二、规范预算信息公开形式与方式 ……………………………………… 167
　　三、增强公众预算管理参与度 …………………………………………… 168
　第三节　完善部门预算管理信息系统 ………………………………………… 169
　　一、进一步改进预算管理信息系统 ……………………………………… 169
　　二、搭建政府会计信息化处理平台 ……………………………………… 169
　　三、实现预算管理信息系统一体化 ……………………………………… 170
　参考文献 ……………………………………………………………………… 170

第十一章　未来我国绩效预算改革的发展路径 ……………………………… 171
　第一节　预算控制方式的转向：由加强投入控制到实施管理责任控制 …… 171
　第二节　预算制度内容的嬗变：从项目预算到产出预算，再到结果预算 … 172
　第三节　财政管理手段的递进：从集权到授权，再到分权 ………………… 173
　第四节　公共财政框架的演化：使政府管理走向市场管理、民主治理 …… 174
　参考文献 ……………………………………………………………………… 176

第一章 导 论

第一节 研究背景与研究意义

一、研究背景

本书是在我国建立和完善社会主义市场经济体制，经济由高速增长转向高质量发展的大背景下，按照党中央、国务院提出的加快建立现代财政制度，建立全面规范透明、标准科学、约束有力的预算制度，全面实施预算绩效管理的新要求，以水利系统某部门整体支出绩效评价工作为案例，对水利系统部门整体支出绩效评价工作进行的一次有益的思考与探索。

（一）我国不断深化的财政改革要求加强预算绩效管理

中华人民共和国成立后，我国开始实行与计划经济相适应的高度统收统支的财政管理体制，财政管理总体上比较粗放，财政收入规模较小，不能满足日益扩大的建设性支出的需要，其关注的重点是财政收入水平及能力。1978年，党的十一届三中全会做出把党和国家的工作重点转移到社会主义现代化建设上来和实行改革开放的历史性决策之后，我国经济体制改革全面展开，为适应经济体制改革的需要，进一步调动地方政府的积极性，我国对财政体制进行了三次改革：1980年开始的中央和地方财政"分灶吃饭"，1985年实行的"划分税种，核定收支，分级包干"，1988年起实行的多种形式的包干财政体制。1992年，党的十四大提出了建立社会主义市场经济体制的改革目标，围绕该目标开始酝酿财政体制方面的改革，在1994年推出"分税制"财政改革，建立了与社会主义市场经济体制相适应的财政管理体制框架。1998年，全国财政工作会议正式提出了建立公共财政体制的基本框架及相关原则，其后关于建立公共财政框架的要求，进一步写入了党的十五届三中全会文件和"十五"时期国民经济与社会发展规划，明确了我国财政改革的目标模式，使得财政改革由收入领域开始转向支出领域，重点是规范财政支出，推出了以部门预算为核心的一系列改革措施，体现了加强支出控制的导向。2000年，政府部门预算改革开启，主要内容包括：改革预算的编制形式，初步实现"一个部门一本预算"；改革预算编制方法，按照基本支出和项目支出编制部门预算；深化"收支两条线"的改革，初步实现综合预算；规范预算编制程序，建立财政部和中央部门的预算编制规程。构建以部门预算为主导的预算编制和执行公正、透明的管理机制，有效提高了政府的行政效率和财政资金的使用效益，对建立我国公共财政体制，加强公共支出管理和更新预算理论发挥了积极作用。

我国在推行部门预算改革后不久，关于预算绩效管理的实践探索随之展开。2003年，党的十六届三中全会首次提出了"建立预算绩效评价体系"的设想，随后预算绩效管理在中央和地方逐步试点开展。2012年，党的十八大以后，预算绩效管理改革进入了"快车道"。党的十八大提出了"创新行政管理方式，提高政府公信力和执行力，推进政府绩效管理"的要求，十八届三中全会首次明确了财政是国家治理的基础和重要支柱，提出预算审核的重点由平衡状态、赤字规模向支出预算和政策拓展，推进国家治理能力和治理体系的现代化，并特别强调改进预算管理制度，增强财政预算透明度，实现预算绩效管理。2014年，修正的《中华人民共和国预算法》颁布，为在全国开展预算绩效管理提供了法律保障。按照"各级政府、各部门、各单位应当对预算支出情况开展绩效评价"的法定要求，实行预算绩效管理的广度和深度得到加强。2017年，党的十九大进一步提出"加快建立现代财政制度，建立权责清晰、财力协调、区域均衡的中央和地方财政关系。建立全面规范透明、标准科学、约束有力的预算制度，全面实施绩效管理"，建立和完善预算绩效管理制度成为新时代财政体制改革的方向。2018年，中共中央办公厅印发了《关于人大预算审查监督重点向支出预算和政策拓展的指导意见》，明确加强对支出绩效和政策目标落实情况的监督，推动建立健全预算绩效管理机制。2018年的《政府工作报告》也明确要求"全面实施绩效管理，使财政资金花得其所、用得安全"。同年，中共中央、国务院发布了《关于全面实施预算绩效管理的意见》，明确要求实施部门和单位预算绩效管理，这是党中央、国务院对新时代全面实施预算绩效管理做出的顶层设计和重大部署。以上方向性的决策和部署，对于深化预算管理制度改革、推进国家治理体系和治理能力现代化具有重大意义，已成为建设现代财政制度的重要内容，在建立健全预算绩效管理机制中发挥了重要的引领作用。

自中华人民共和国成立以来，我国经济发展历经计划经济到商品经济再到市场经济的探索，从无到有构建了中国社会主义市场经济体系。财政管理实现了从关注财政收入到关注财政支出，从强调财政支出规范性向重视财政支出效益性，从建立财政体制向健全管理制度和完善内在机制，从预算绩效评价试点到全面实施预算绩效管理的一系列深刻转变。随着财政改革的不断深入，实施预算绩效管理在提高财政资金的使用效益，提升公共服务供给质量，增强政府公信力和执行力等方面发挥了至关重要的作用。

(二) 预算管理深层次问题的解决要求加强预算绩效管理

改革开放以来，我国财政收入规模不断迈上新台阶，财政支出总量也大幅增长。从财政部2017年12月底的支出数据来看，2017年一般公共预算支出20.33万亿元，同比增长7.7%；全国政府性基金预算支出6.07万亿元，同比增长32.7%；全国国有资本经营预算支出2011亿元，同比下降6.7%。三项预算支出合计高达26.6万亿元。其政策效应愈发明显，财政在促进政府公共服务建设、优化资源配置和推动各项经济社会事业发展中均发挥了积极的作用。但是，在财政收支高增长下，仍存在公共财政支出规模、结构及资金使用效率等方面的管理隐患，主要表现为：财政供给范围不合理，管理方式和手段落后，资金使用效率不高，存在较多的铺张浪费、无效低效现象，大量的财政资金投入并没有带来相应的产出。政府职能转变不到位，导致财政"越位"与"缺位"问题并存，支出结构得不到优化，行政成本过高，支出安排难以体现财政的公共性、民主性和法制性，财政分配不公的现象仍然存在，一定程度上加剧了财政收支矛盾。

这些问题的存在，一方面，使得如何"切好财政蛋糕"，分配好纳税人的钱，提高资金分配上的绩效，进一步优化支出结构，成为各级政府和广大社会公众关注的问题，它直接决定着财政资金在宏观层面的绩效，是提高整体财政资金效益的前提；另一方面，如何"吃好财政蛋糕"，保证部门预算安排的合理性和使用的有效性，进一步提高预算支出管理水平，则决定着财政资金在微观层面的绩效，是落实财政资金效益的具体着力点。因此，亟须加强预算绩效管理，提高财政资金的效益性。

（三）预算绩效管理在广度和深度上的不断发展要求其重点转向部门整体支出领域

近年来，随着财政预算改革的不断深入，财政部门在推进预算绩效管理方面多措并举，积极探索预算绩效管理的实施路径，预算管理制度持续完善，财政资金使用效益不断提升，初步构建了预算绩效管理的基本框架，"花钱必问效、无效必问责"的机制正在形成。特别是2014年修正的《中华人民共和国预算法》颁布后，中央和地方财政部门积极组织开展预算绩效管理工作，在绩效预算编制、绩效评价体系、绩效结果应用方面深入探索，积累了一些成功经验。在部门预算支出绩效评价中，包括了基本支出绩效评价、项目支出绩效评价和部门整体支出绩效评价。其中，项目支出绩效评价是近年开展工作的重点，已经形成了较完善的评价流程以及全面的共性评价指标体系。相比项目支出绩效评价，部门整体支出绩效评价具有评价覆盖面更广、评价层次更深、评价难度更高、评价结果更实用等特点。

为推动部门整体支出绩效评价工作，财政部制定了《预算绩效评价共性指标体系框架》，首次专门针对部门整体支出绩效评价提供了绩效评价共性指标体系框架。《预算绩效评价共性指标体系框架》明确指出，共性指标体系为参考性的框架模式，主要用于在设置具体共性指标时的指导和参考，并需根据实际工作的进展不断予以完善。各级财政部门和预算部门在开展绩效评价工作时，既要根据具体绩效评价对象的不同，以《预算绩效评价共性指标体系框架》为参考，在其中灵活选取最能体现绩效评价对象特征的共性指标，也要针对具体绩效评价对象的特点，另行设计具体的个性绩效评价指标。同时赋予各类评价指标科学合理的权重分值，明确具体的评价标准，从而形成绩效评价指标体系。《预算绩效评价共性指标体系框架》的制定对于建立符合我国国情的预算绩效评价指标体系，不断规范和加强预算绩效管理工作，提高绩效评价的统一性和权威性具有重要意义，为推动部门整体支出绩效评价奠定了坚实的基础。目前部门整体支出绩效评价的试点工作已在中央和地方财政部门展开，部门整体支出绩效评价将成为今后几年预算绩效管理领域所关注的重点和亮点。

二、研究意义

部门整体支出绩效评价是指根据设定的绩效目标，围绕部门整体职能，从职能设置、职责分工、重点工作确定、科学配置资源等方面制定科学、合理的衡量标准并用于评估部门的职能履行情况。通过部门整体支出绩效评价，可以获取部门的发展情况、工作效率和业绩状况。利用评价的结果，还能够获得部门的政绩状况，发现管理的薄弱环节，进而促进其改进和创新管理方式，提高管理效能和管理质量。对部门整体支出绩效评价进行研究分析，可以学习借鉴国外绩效评价的成果，总结国内实践的经验，发现和解决存在的问题，对推动依法理财、依法行政，促进财政资金聚力增效，提高公共服务质量具有重要意义。

（一）开展部门整体支出绩效评价，有利于加强部门内部管理

在预算过程中，财政资金的使用部门已经确定了资金使用的绩效目标，这也决定了部门不得随意调整和改变资金用途。因此，为保障绩效目标的实现，提高财政资金的使用效率，部门内部必须建立良好的内部控制制度，实行科学规范的管理。部门整体支出绩效评价可以较全面地反映部门内部的管理情况和存在的问题，有利于部门采取有效措施，对财政资金使用过程中出现的实际问题对症下药、及时整改，有效提高行政管理效率和管理水平。

（二）开展部门整体支出绩效评价，有利于加强财政资金的监管

目前各级财政部门把财政支出的管理工作作为重中之重不断加强，但财政资金运行的监督工作仍然偏弱偏软。开展部门整体支出绩效评价，有利于强化部门绩效意识和支出责任，规范资金管理行为，加强财政资金运行的跟踪问效和内部监管；也有利于财政部门对评价结果进行综合分析，

及时发现和解决财政资金运行中的问题，优化支出结构，有效发挥财政部门的指导和监督作用。

（三）开展部门整体支出绩效评价，有利于促进财力资源的优化配置

为使有限的国家财力能够在经济社会发展中发挥积极的作用，少花钱、多办事、办好事，提高财政资金的使用效率和效益，开展部门整体支出绩效评价尤为重要。通过部门整体支出绩效评价，可以全面获取有效的信息，为有关部门、决策机构科学合理安排预算，有效规避风险和短期行为，节约财政资金，缓解供求矛盾，优化资源配置提供有效支持。

第二节 国内外理论综述

一、国外理论综述

我国预算绩效管理是借鉴绩效预算的理论，参考西方国家的经验与做法，结合我国国情，在财政预算管理中引入绩效理念，通过完善绩效评价手段和方法，建立绩效导向的管理机制，从而不断提高财政资金使用效益的一种预算管理模式。要研究我国预算绩效管理，首先应当深入了解"绩效预算"。

"绩效预算"理念萌芽于1907年美国纽约市政研究局提供的"改进管理控制计划"的报告中。1949年，美国胡佛委员会首次提出了绩效预算改革的建议，将预算与部门和具体项目绩效紧密联系在一起，形成了绩效预算的基本框架。20世纪80年代，英国、美国等国家为适应国际、国内政治经济形势，实施了"新公共管理运动"，大力推进政府绩效管理，实施绩效预算改革。绩效预算强调责任和效率、关注产出和结果，是多种现代科学理论在公共财政管理上的具体运用。

"新公共管理运动"在美国、英国、澳大利亚和新西兰兴起后得到了迅速扩展。经过几十年的实践探索，一些国家在绩效预算管理方面的研究已经走在前列，效果明显，具有借鉴意义。在这些国家的绩效管理理论中，重点对绩效预算的理论依据及内涵、财政支出绩效评价、财政支出绩效指标体系构建和财政支出绩效评价制度体系方面进行研究，并结合我国实际

提出可借鉴的内容。

（一）关于绩效预算的理论依据及内涵的研究

关于绩效预算的理论依据。近年来的理论有新公共管理理论、委托-代理理论、公共产品理论、成本效益理论等，这些理论突出强调了支出责任和效率，要求政府提供更多的公共产品和服务，这是绩效预算得以成立的理论基础。

关于绩效预算的内涵。绩效预算在西方国家已推行了较长时间，许多西方学者对绩效预算的内涵进行了界定，然而由于绩效预算涉及范围广、复杂，目前还未形成一个标准化的统一定义。世界银行认为"绩效预算是一种以结果为导向、以项目成本为衡量、以业绩评估为核心的预算制度，具体来说，就是把资源分配的增加与绩效的提高紧密结合在一起的预算系统"；国际货币基金组织认为"绩效预算是系统地利用绩效评价和其他正式绩效信息，把公共机构所获得的资金和它们实现的最终结果联结起来，以改进公共支出的分配和技术效益"；Schick 把绩效预算严格定义为"明确地将每一项资源的增加与产出或其他成效的增长相联系的预算"；沙利文认为绩效预算是一种新的财政资金分配机制，它把部门预算资金与部门绩效的执行情况紧密联系，以结果和绩效评价为中心。

综上所述，绩效预算（Performance Budgeting）可以定义为一种由政府主管机构或者委托机构对政府的预算计划或项目通过科学的评价体系进行成本收益分析，并据此分配财政资金的结果导向性预算模式。

在绩效预算模式下，绩效结果与资金分配是紧密结合的，但目前仍然没有哪个国家的绩效预算改革将绩效信息完全引入资金的分配。世界银行专家沈春丽根据绩效信息对预算决策的影响，把各国绩效预算管理的实践划分为四种模式。

（1）报告型绩效预算（Performance Reported Budgeting，PRB），即绩效信息只是作为绩效报告的一部分内容，预算决策者并不利用这些信息做决策（如美国的大多数地方政府）。

（2）知晓型绩效预算（Performance Informed Budgeting，PIB），即绩效信息对资金分配有影响，但是影响很小（如美国俄勒冈州政府）。

（3）决策型绩效预算（Performance Based Budgeting，PBB），即绩效信

息对资金分配有重要影响,但并不一定直接影响资金分配的数量(如新西兰政府)。

(4)理论型绩效预算(Performance Determined Budgeting, PDB),即绩效信息直接精确地应用于资金分配决策。

四种模式具体见表1-1。

表1-1 绩效预算模式

分　类	预算与绩效联系的程度	范　例
报告型绩效预算	绩效信息包含在预算文件中,但并不作为分配预算资源的考虑因素	美国大多数地方政府
知晓型绩效预算	在确定预算的过程中考虑到项目的绩效信息,但实际决策中这些信息仅作为次要考虑因素	美国俄勒冈州政府
决策型绩效预算	在资源分配中,绩效信息与其他因素一并发挥着重要作用	新西兰政府
理论型绩效预算	资源分配直接且明确地与绩效相联系	无

由于预算必然会受到政治、社会等因素的影响,不可能达到完全的理性化,所以理论上的绩效预算在现实中是无法完全实现的。

(二)关于财政支出绩效评价方面的研究

在美国、英国等绩效预算管理理论比较成熟的国家中,关于财政绩效评价方面的研究主要集中在绩效评价的目标、内容、类型、程序等方面。

关于绩效评价的内容。Carl认为绩效评价可以从财务角度、顾客角度、内部经营过程角度、人力资源角度、技术和革新角度、合作角度、政策结果角度等方面进行;Sean等人对财政教育支出的绩效评价进行了全面系统的研究,指明针对不同的管理者,绩效评价工作所要反映的绩效信息需要有侧重点,不能只在一个方面或一个层面上进行评价。

关于绩效评价的类型。Berman和Wang把绩效评价分为两种类型:结果或质量的评价;工作任务的评价。Jufne和Holzer把绩效评价分为三种类型:成本、收益、结果评价;项目影响、产出评价;组织的政策和过程评价。

关于绩效评价的方法。James L. Perry认为西方政府绩效评价领域最有代表性的评价方法有三种:"3E"评价法、标杆管理法和平衡计分卡法。它们分别代表了政府绩效评价的三个不同阶段。其中,"3E"评价法是对政府绩效评价方法的探索，很适合20世纪60年代美国所处的财政危机状况，但它与后来社会所追求的价值理念相冲突。为此，人们又提出了标杆管理法，它意味着政府开始进行全面的绩效评估，强调了政府应该承担的社会责任。平衡计分卡法于1992年由哈佛商学院教授引入到政府部门，该方法强调近期目标和长远目标，是对政府绩效评估方法的突破，实施后产生了较好效果。

关于绩效评价方法的选择。Behn认为绩效评价根据其目的可分为评价下级、控制下级、制定预算决策、激励雇员、提升组织的重要性、奖励完成情况、了解项目的效率、提高绩效等八个类别，而绩效评价的目的决定着绩效评价方法的选择。Carl认为绩效评价方法的选择原则是：在战略计划中列出、可应用到大部分雇员和大部分资金投资中、数据可及时和低成本地获得、能对组织的声誉进行有效的评价等。

（三）关于财政支出绩效指标体系构建的研究

对于绩效指标体系构建方面的研究，主要包括指标体系的构建原则、指标体系的构建方法、指标体系内容与构成等方面。

关于指标体系的构建原则。美国早期的科学管理研究提出了适用于政府和企业管理的多条效率原则，主要包括明确的目的、注意局部和整体的关系、定额和工作进度、条件标准化、工作方法标准化等；英国学者大卫·米斯顿在1985年提出了确立指标的八项原则，包括有助于阐明组织目标、对政府活动的最终结果做出评价、作为管理激励方案的一种投入、使消费者做出合理选择、为承包或私人服务提供绩效标准、显示不同服务活动在致力于方针及进一步调查研究的激发物、协助决定服务水准的最大消耗率以获取预定目标、显示可能节省的领域等。

关于指标体系的建立方法。有的学者通过概述地方政府的绩效评价实践，对于评价标准的选择、评价类型的考虑、指标搜集程序和单个评价指标的确定等进行了探讨；有的专家根据绩效指标的决策相关性和成本效益原则构建了应用绩效指标的理论框架；还有专家针对英国的审计委员会在英格兰地方当局进行第一轮综合绩效评价时提出的一套绩效指标框架，通过回归分析发现，对于所测试的1/3以上的指标，指标框架之外的外部约束对地方当局的绩效有显著负面影响，从而修正绩效指标。

关于指标体系的内容与构成。目前国外对于项目绩效评价指标体系的设计大多以经济性、效率性、效益性，即"3E"为主要考核内容。根据Talbot 的分析，至少有 68% 的政府机关使用"效益性"指标，14% 的政府机关使用"经济性"指标，8% 的政府机关使用"效率性"指标。随着社会的不断进步和发展，在"3E"的基础上又引入了公平性（合称"4E"）。此外，Mark Funkhouser 认为，美国的政府绩效评价体系由硬指标和软指标共同构成。硬指标是由美国审计总署用以进行政府绩效审计的评价指标，包括投入指标、能力指标、产出指标和结构指标；软指标是指社会公众对政府进行评价所采用的指标，定期发布政府支持率，以增强政府执政地位的合法性和权威性。美国的政府绩效审计就是以硬指标为基础，针对不同被审计项目制定不同的评价指标体系，并采用一定的方法进行评价，如综合评分法。

（四）关于财政支出绩效评价制度体系的研究

目前，西方发达国家基本上都建立了较完善的绩效评价制度体系。1993 年，美国国会颁布了《政府绩效与结果法案》。1997 年，英国颁布了《支出综合审查法案》，目前英国绩效评价制度已经成为英国政府最重要的公共管理制度之一。1997 年，澳大利亚财政与管理部的年度预算报告中引入了目标和产出结果。1998 年、1999 年、2000 年，澳大利亚政府相继发布了《辨析目标和产出》《澳大利亚政府以权责发生制为基础的目标和产出框架：审查指南》《目标与产出框架》，指导各部门编制年度预算报告及其年度绩效评价报告。2001 年加拿大内阁财政委员会也发布了新的《加拿大政府绩效评价政策和标准》等。

（五）关于国外相关理论研究中可借鉴的内容

在上述国外相关理论研究中，我国可借鉴的内容主要包括以下两个方面。

1. 重视建立科学的绩效评价指标体系

美国政府绩效评价机构在完善绩效评价指标方面投入了大量精力，该机构认为评价指标的科学与否直接影响了绩效评价的结果。在评价指标的设计上，既注重共性也强调个性，既注重硬指标也强调软指标。注重共性就是指指标的设计要具有一定的规范性，这种规范性要吸收各个评价领域的共同之处。强调个性是指指标的设计要找准不同评价领域的特点，准确反映某个评价领域的特殊性。总之，绩效评价指标的设计要做到既统一又灵活。所以，结合国外评价指标的设计过程，科学合理地构建我国绩效评价指标体系对于做好绩效评价工作意义重大。

2. 加强绩效评价法律制度建设

财政支出绩效评价工作涉及方方面面，情况非常复杂。要把这项工作做好，需要建立一套科学、完整的评价体系，其中法律和制度的保障是必不可少的。从前面的论述可以得出，西方国家非常重视法律和制度的建立，注重"依法行政"的理念，所有的政府行为都要有相关的法律作为依据，预算绩效评价工作也不例外。正是因为有了非常严格的并且具有绝对权威性的法律制度作为前提和依据，西方国家才具备了有效推进绩效评价和绩效预算的必要条件。因此，建立和完善我国预算绩效评价体系，也要借鉴国外成功经验，不断加强国家层面的法律法规建设。

二、国内理论综述

与西方发达国家相比，我国财政支出绩效评价工作起步较晚，相应的研究工作开展程度相差也较大，但是经过专家学者的不断努力和研究探索，近年来也取得了一定的成绩。

（一）财政支出绩效评价层次方面的研究

在财政支出绩效评价层次方面。卢静、潘石、刘伟等认为财政支出绩效评价工作应该包括综合评价、单位评价、部门评价和项目评价四个方面；徐一心等将财政支出绩效评价分为总体评价、分类评价及项目评价三个层次研究；徐俊、周庆华认为财政支出绩效评价工作应从政策评价、项目评价、资金使用、管理机制、绩效跟踪等五个层次开展。

在财政支出绩效评价方法方面。目前常见的绩效评价工作方法有：成本效益分析法、综合评价法、最低成本法、生产函数法、公众评判法、因素分析法、方案比较法、历史动态比较法、目标评价法、模糊数学法、平衡计分卡法、层次分析法、德尔菲法等。综合评价法是我国目前使用最多的方法之一，这种方法评价较全面，但是实际操作难度大，主要体现在指标选择、标准值确定及权数计算等方面。

在财政支出绩效评价实证研究方面。吴建南基于逻辑模型从长期目标、中短期目标、产出、投入四个层次逐层分解，对农业财政支出绩效评价进行指标设计并进行了实证和应用分析；郭平、洪源综合逻辑模型和平衡计分卡两种绩效评价方法，构建了一个立体的、交叉的、多层次的指标框架，并以中部地区某市新农合医疗保险基金项目为例进行了实证分析；陈清、郝睿以平衡计分卡为基础，从财务指标、内部的运转成效指标、客户指标、远期发展指标对财政综合支出进行指标设计，并对江苏省徐州市泉山区的财政支出进行了实证分析研究。

在财政支出绩效评价指标体系方面。广东省在绩效评价指标体系构建方面实践较早，广东省的绩效评价指标体系主要由定量指标和定性指标组成，定量指标包括财务类的基本指标及个性指标，而个性指标又分为绩效指标和修正指标；郭亚军、何延芳构建了由财政支出规模指标、结构指标、效果指标组成的指标体系；辽宁省财政厅与东北大学联合课题组在对绩效指标的研究中，构建了由结构类、贡献类、拉动（启动）系数等指标组成的指标体系；余振乾、余小方认为财政资金的绩效不能仅从结果来考量，而是要从财政资金使用的全过程来评价，其构建的指标体系涵盖了投入、过程运作、产出和结果四个阶段；牛富荣从财政预算执行、收支规模、财政管理、支出结构、资金效益、财政依法行政六个方面对财政支出综合绩效评价指标进行设计；贾康、孙洁用平衡计分卡对绩效评价指标进行设计，主要包括财务维度、客户维度、内部业务维度、学习与成长维度四个维度，以期体现财政支出的公平与效率、长期与中短期等多个目标的综合匹配。

（二）部门整体支出绩效评价方面的研究

在绩效目标方面。胡若痴分析了部门整体支出绩效目标编制中存在的突出问题，提出了优化部门整体支出绩效目标设定应在符合"指向明确、具体细化、合理可行"三项基本准则的基础上，从五个方面提高部门整体支出绩效目标的质量：①紧紧围绕财政支出绩效评价的功能；②增强指标体系的系统性；③提升指标体系的相关性；④注重各项指标的可衡量性；⑤突出绩效指标的重要性和综合性。

在评价指标体系方面。刘敏阐述了我国整体支出绩效评价的发展现状，总结了各地方政府部门整体支出绩效评价指标体系的不同类型及其差异点，尝试从指标框架、考察内容、关注重点等方面对部门整体支出绩效评价指标体系的构建进行有益探索。周晓花尝试以流域规划为依据，采用内容分析和政策计量方法，探索建立适合水利行业特点的效益类指标，旨在为水利效益类指标构建提供新方法、新途径。

在实践中出现的难点、问题方面。张晓庆以 Y 市交通运输管理局为例，分析了部门整体支出绩效评价实践中出现的难点和问题，并针对这些难点和问题提出了相应的解决对策；刘红艳以 X 市城市管理与行政执法部门为例，全面分析了其部门整体支出绩效评价现状及存在的问题，并针对这些问题提出了完善 X 市城管执法部门整体支出绩效评价的建议；刘勇辉以交通运输部海事系统某基层航标处 2015 年部门整体支出绩效评价试点工作的实践为例，总结分析了部门整体支出绩效评价工作中发现的问题，并提出解决对策和建议；刘瑞乾结合工作实际，总结了开展部门整体支出绩效评价过程中存在的一些问题，并提出了相应的解决对策。

在绩效评价新模式方面。李兰阐述了邵阳市财政局选取 63 家单位试点探索部门整体支出绩效评价的做法，通过座谈会、查阅资料、实地勘察三步骤实施评价，以期构建具有邵阳特色的整体支出绩效评价模式。

(三) 国内相关理论研究仍存在的不足

目前，许多国内外学者对政府财政支出绩效评价进行了不同层面和角度的研究，所涉及领域比较宽广，对绩效评价指标体系设计的研究也比较全面，相关的理论研究对财政支出绩效评价的实践起到了积极的推动作用。但是，随着财政支出绩效评价的深入发展，其研究内容仍存在不足。

首先，目前国内研究多集中在宏观层面的财政支出绩效评价和相对微观层面的项目支出绩效评价方面，而对于两者中间的部门整体支出绩效评价的研究较少，还处于初步探索阶段，且大多数研究集中在问题发现与解决、评价指标体系构建方面，对部门整体支出绩效评价整个工作流程的研究较少，而且研究内容比较零散，不成体系。

其次，近年来国内对我国财政支出绩效管理问题的研究倾向于技术手段的研发和指标量化，对制度建设、体制创新以及管理理念转变的探讨尚不够深入，在将我国部门预算改革的经验教训与预算绩效管理相结合方面的论述比较少，研究不够系统、不够透彻。

第三节 国内外绩效管理实践

一、国外绩效管理实践

从20世纪中期开始，伴随着新公共管理运动的兴起和发展，一些西方国家纷纷进行了绩效预算改革，并在实践中进一步丰富和完善了相关内容。比较典型的国家有美国、英国及德国等，其中德国的水利行业绩效管理实践经验给我国水利行业绩效管理工作提供了有益借鉴。

（一）美国绩效管理实践

20世纪50年代，美国的绩效预算制度将绩效评价与绩效管理运用到政府管理中来；1993年美国颁布的《政府绩效与结果法案》中明确规定每个政府部门都需要提交战略计划、年度绩效计划、绩效目标以及绩效评价和责任报告，政府部门的绩效评价制度第一次以立法的形式在法案中确立；自20世纪90年代以来，美国国会相继通过了涉及联邦政府绩效管理的法案，主要涉及联邦政府三个关键领域，即财务管理、信息技术与财政控制，为公共支出绩效评价的开展提供了制度规范。

1. 评价的组织实施

美国的财政支出绩效评价工作受到三重领导。其一是国家会计总署，主要负责对联邦（州）的综合财政支出进行年度综合评价，监督联邦各州的履职情况。其二是总统预算管理办公室（简称"OMB"），主要负责对预算编制、预算执行的全过程进行监督和指导，同时结合政府当前的重点和中心工作安排工作计划，对政府组成部门进行绩效评价，进而决定项目安排数。其三是政府组成部门，主要负责开展自我评价。

2. 评价的方式方法

美国政府会制定一个一定期限的长期规划。在对政府各部门进行绩效评价时，会依据这个长期规划的实施情况对部门预算年度的预算完成情况、履职情况进行综合性的评判和打分，然后向国会提交绩效评价报告。为系统评估各部门实施绩效管理的状况，OMB根据《总统管理议程》的基本精神，开发出了"红绿灯"评价体系。此外，为了分析各个部门预算活动和项目执行的效果、预算资金的使用情况、目标的实现程度，OMB 在 2002 年推出了项目评估分级工具（PART）。

3. 评价的内容和指标体系

美国的财政支出绩效评价涉及的内容非常复杂，面广、领域宽、受众多。在指标体系方面，主要的指标涵盖了项目实施过程的评议指标、支出项目的经济效益评价指标、支出项目的综合影响评价指标以及对未来的可持续影响指标，美国在具体的实践中主要是从这四个层次来开展财政绩效评价的。

4. 评价结果的应用

美国预算绩效评价结果的应用主要体现在将评价结果作为预算安排的重要依据，对部门预算执行情况的监督及纠偏等方面。

一是公开评价结果。绩效评价结果最终会以评价报告的形式对外公布。通过互联网发布报告全文是美国地方政府公开政府绩效评价结果的主要途径，任何团体或个人都可以从相关机构的网站上免费下载现有年份的评价报告。另外，报告的发布方还会为报告配以详细的说明，以帮助读者更好地理解和使用报告。这种方式有利于信息的广泛传播，拓展了外部监督媒体，并且为纵向了解地方政府绩效水平的变化，横向对比不同地区地方政府间的绩效水平差异提供了可能。

二是评价结果与预算挂钩。绩效预算在美国地方政府绩效评价活动中备受关注，并且在实践中被广泛使用，与绩效评价结果直接挂钩。美国地方政府的财政收入主要来源于税收，财政税收占了地方政府税收的绝大部分，地方政府需要向纳税人说明政府将这些钱用在了什么地方，支出是否合理，支出的结果是什么，等等。因此，进行有效的绩效评价和恰当的绩效预算便成为地方政府的任务之一。

对于绩效评价结果良好的部门和项目，预算管理部门会允许其将该年度未使用的财政分配资金留存至下一年度使用，或是考虑在今后年度的预算编制过程中允许其适当加大财政资金的投入力度，以此来激励这些相关年度绩效较好的单位；而对于本财年财政资金使用的产出未达到预期目标、绩效较差的部门和项目，其将会面临预算管理部门相应的干预或者是在今后年度被削减财政资金分配的惩罚。通过将绩效与预算挂钩，政府能够有效地激励内部机构提高工作质量，从而实现预算以结果为导向。美国政府的这一做法为政府绩效评价活动的长期持续提供了制度性保障，有效减少了评价活动中断或评价结果使用不足的情况。

（二）英国绩效管理实践

英国也是较早进行政府绩效改革探索的国家。20世纪70年代，面对国际化、信息化和市场化的挑战，为解决日益复杂的国内社会问题，减轻沉重的财政压力和债务负担，提高政府的行政效率，英国开展了以市场化为导向和强调公众利益至上的政府行政改革运动，其绩效预算也从此改革过程中孕育而生。英国实施的预算绩效主要有六个环节：设立绩效目标、分配预算资金、对预算绩效完成情况进行监督、提交绩效报告、进行绩效审计和绩效结果应用。英国绩效预算改革有着不同于其他国家的特点，主要包括四个方面：以全面的政府绩效改革为基础；以部门为主设计绩效评价指标；预算执行具有灵活性；注重绩效预算人才队伍建设。

通过实行公共行政改革，在政府部门引入市场竞争机制，实施绩效预算，英国成功度过了信任危机、财政危机和管理危机，从根本上改变了政府部门长期存在的官僚主义作风，提高了政府的行政效率，使英国政府重新赢得了公众的信任。

（三）德国水利行业绩效管理实践

德国在水利行业建立了绩效评价体系，实行的是第三方评价的政府绩效评价模式。德国六家水务行业协会每三年会对德国水务整体发展水平共同发布绩效研究报告。其中，绩效考核指标体系包括"安全、质量、持续性、顾客满意和经济性"五个方面；绩效评价体系主要有水务行业绩效报告，相对单一；评价标准主要是直接从水务行业具体发展水平的绝对值角度对政府工作绩效进行考核。

（四）国外绩效管理经验中可借鉴的内容

从上述美国、英国政府部门绩效管理实践来看，美国、英国政府无一不注重评价结果的公开性。只有接受社会监督的预算绩效，才能给予预算执行部门一定的压力，才能保证公众的切身利益。美国的绩效评价报告在向国会提交后会向社会公布，接受社会的监督。而英国部门每年秋季需要向议会提交《秋季绩效评价报告》，分析当前绩效目标的完成情况，该报告除了向议会提交，也需要向社会公众公布。在绩效评价的结果应用方面，美国和英国不仅把上一财年的预算绩效评价结果作为下一财年预算的考虑因素，即适当"奖励"预算绩效评估结果良好的部门和项目，"惩罚"绩效评估结果较差的部门和项目，还会根据预算绩效评价结果对相关部门或个人进行相应的奖惩，以此来激励相关部门和单位提高预算绩效水平。

二、国内部门整体支出绩效管理实践

我国的财政支出绩效评价工作起步较晚，目前部门整体支出绩效管理已在中央和地方各级财政部门开展试点工作，并不断完善预算绩效管理制度体系。2009年，财政部印发了《财政支出绩效评价管理暂行办法》（财预〔2009〕76号）；2010年，财政部设立了预算绩效管理处，主要负责政府预算绩效管理工作及相关制度建设；2011年，随着部门预算改革的深入，财政部重新修订并出台了《财政支出绩效评价管理暂行办法》（财预〔2011〕285号），进一步明确了评价主体、评价对象、评价范围、评价方法、评价指标设定及评价结果应用等；2013年，财政部印发了《预算绩效评价共性指标体系框架》（财预〔2013〕53号）；2014年，《中华人民共和国预算法》（2014年修正）颁布后，国家对于财政项目的管理，强调实行中长期规划、财政项目要加强财政资金的使用及绩效情况监管；2015年，针对中央部门预算绩效管理相继出台了《关于加强和改进中央部门项目支出预算管理的通知》（财预〔2015〕82号）、《中央部门预算绩效目标管理办法》（财预〔2015〕88号）等规范性文件；2016年以来，我国政府预算绩效管理工作获得了显著性进展，在中央各部门实现了预算绩效目标管理的全面覆盖，建立了相对规范的预算绩效评价体系，并启动了绩效目标执行监控试点。

（一）中央部门的实践

2001年，财政部成立课题组对如何借鉴西方国家公共支出绩效考评制度进行了系统研究。我国财政支出绩效考评工作，始于2003年的中央部门项目支出绩效评价，财政部教科文司率先对中央教科文部门7个项目资金进行试点，相应制定了《中央级教科文部门项目绩效考评管理试行办法》和《中央与地方共建高校实验室专项资金绩效考评指标》；2004年，财政部下发了《中央政府投资项目预算绩效评价工作的指导意见》（财建〔2004

729号），对中央预算内基建资金和国债项目资金等中央政府投资项目预算绩效评价工作提出指导意见，就绩效评价提出了10大类参考指标；2005年，财政部出台了《中央部门预算支出绩效考评管理办法（试行）》（财预〔2005〕86号），这是我国第一个具有通用性质的绩效考评管理办法，对中央部门支出绩效评价进行了规范，明确了评价对象、范围和基本方法；2006年，财政部选择了农业部"农业科技跨越计划"等四个项目进行绩效评价试点，开启了中央层面绩效评价试点的先河；中央部门试点范围不断扩大，项目和涉及部门数量逐年增加，到2012年财政部确定的中央部门绩效评价项目达到378个，涉及预算金额共计137.96亿元，所选取的项目基本覆盖了全部的中央部门；2012年，财政部制定了《预算绩效管理工作规划（2012—2015年）》，在对近10年来预算绩效管理和绩效评价试点工作总结的基础上，针对存在的不足和缺陷，对下一步的主要任务和重点工作进行规划，并确定了相关的保障措施。

　　2016年，财政部开始推动绩效目标试点，最初的范围涵盖15个部委。2017年，财政部把试点范围扩大到了所有的中央部门，每个部门都选择了一些重点项目来开展绩效目标的执行监控。2017年以来，财政部又重点对中央和地方的转移支付项目开展了绩效目标考核。2018年财政部又把绩效管理目标扩展到中央的政府性基金预算和国有资本基金预算。目前，财政部在中央层面实施绩效目标管理的资金规模已经超过了2.5万亿元。同时，中央部门一般公共预算的所有项目（大约有10万个项目），全部都设置了绩效目标，财政部特别对其中的2000多个一级项目逐一进行了专家评审。

（二）地方政府的实践

　　自党的十六届三中全会提出了"建立预算绩效评价体系"之后，我国在广东、天津、湖北、湖南、辽宁等多地开展了财政支出绩效评价工作试点工作，其中湖北省恩施市于2001年率先选取了五家单位进行试点，这是我国财政支出绩效评价试点工作的最早尝试。为规范财政支出绩效评价工作，一些地方政府制定了相关管理办法。例如，2009年湖南省印发了《湖南省财政支出绩效评价管理办法》、浙江省印发了《浙江省财政支出绩效评价实施办法》，2012年福建省印发了《福建省财政支出绩效评价指标体系》等。近年来，在国家的决策和部署下，越来越多的地方政府积极探索预算绩效管理，推进部门整体支出绩效评价工作，并总结出了一系列的管理经验。

1. 广东省部门整体支出绩效评价管理经验总结

在地方政府预算绩效管理改革中，广东省的经验最为丰富。2003年，广东省就成立了专门从事绩效评价工作的绩效评价处；2004年，广东省财政厅、审计厅、监察厅、人事厅四部门联合印发了《广东省财政支出绩效评价试行方案》，指导全省的绩效评价工作；2005年，广东省绩效评价工作已在所有省级预算部门的财政支出项目中全面铺开。广东省的部门整体支出绩效目标管理已经实现100%覆盖，省级绩效评价试点范围逐步扩大并在2018年实现全覆盖。

以目标为导向推动预算绩效管理提质增效，是广东财政更为突出的做法。广东省财政厅围绕全面实施绩效管理的工作要求，不断强化绩效目标管理的龙头作用，推动绩效目标与预算管理同步布置、同步申报、同步审核、同步批复、同步公开，实现预算绩效管理进一步提质增效。在绩效目标管理范围上，实现包括部门整体支出在内的一般公共预算全覆盖；在绩效目标审核方式上，采用"第三方初审＋财政复审"的方式，首先通过规范程序择优委托三家专业第三方机构，对部门申报工作进行辅导和初审，再由财政部门对初审项目进行复审，重点审核资金量大、安排周期长、影响面广的重点项目，审核的质量和效率得到显著提高；强化绩效目标审核结果应用，将绩效目标审核的有关情况作为预算安排的重要依据，对未申报绩效目标或未通过审核的有关项目，原则上均不得入库和列入预算安排。

此外，广东省还完善预算绩效信息化管理，在"金财工程"的总体框架下，创建涵盖专家评审、部门预算、财政专项资金、财政综合支出绩效管理，以及评价指标和标准库、项目库、专家库、资料档案库的财政绩效管理信息系统，实现预算绩效工作信息化管理，并着力升级完善绩效管理信息系统功能和模块设置，不断完善"6库、6子系统、6化"的财政绩效信息管理平台，逐步实现绩效管理数据一体化、业务规范化、流程简单化、操作实用化、进度动态化、工作时效化。

在绩效管理质量方面。一是创新绩效评价模式。对部分资金量大、涉及面广、情况较复杂的财政资金，进一步探索由一家机构独立评价向多家机构联合评价模式的转变。二是探索绩效评价标准化建设。在总体评价体系的基础上，选择部分符合条件的评价项目，探索运用系统的层次分析方法，制定和设计有关评价模型的设立原则、标准和功能、流程等，构建统一规范、科学合理的绩效评价数学分析模型，提高绩效评价标准化管理水平。三是建立评价报告点评机制。在第三方评价报告撰写和修改等基础工作完成后，召集有关第三方机构、主管部门对评价报告进行点评，表扬和推广格式规范、论证严谨、材料充实、结果公正的优秀报告，及时纠正评价报告中出现的错误，提高报告的规范性、严密性。

2. 陕西凤翔县财政局部门整体支出绩效评价管理经验总结

陕西凤翔县财政局在 2015 年选择八个单位试点的基础上，随后在全县 65 个一级预算单位中连续开展部门整体支出绩效评价工作，并总结出"五个结合"，以推进部门整体支出绩效评价工作。一是完善制度与应用管理相结合。先后出台了凤翔县财政局《关于加强预算绩效管理的意见》《预算绩效管理工作考核办法》《推进预算绩效管理工作的通知》，对绩效评价的对象、内容、程序、考核结果的运用等进行了规范。二是指标设置与绩效目标相结合。将项目在部门预算中所编制的绩效目标的实现程度作为绩效评价的重点内容，科学设置绩效评价指标体系。同时，结合绩效评价过程中的问题，不断修订调整《凤翔县财政支出绩效评价指标体系》，增强绩效评价的科学性。三是部门自评与财政评价相结合。各部门在规定时限内对照年初制定的绩效目标进行绩效自评，县财政局根据各部门的自评情况，选取预算数额大、社会影响广、具有明显公共效应的重点部门进行财政重点评价。四是政府自评与群众监督相结合。各部门按照"谁评价，谁公开"的原则，将本部门自评报告以适当的形式公开，接受公众监督，以提高评价工作的透明度和评价结果的公信力。五是评价结果与预算管理相结合。将绩效评价中发现的问题及时反馈给相关部门，将其作为改进预算执行的重要依据。对于评价结果良好的部门，下年度优先安排项目经费和工作经费；对于评价结果不合格的部门，则相应扣减下年度工作经费。

3. 浙江省温州市平阳县部门整体支出绩效评价管理经验总结

一是科学细化和制定指标。平阳县根据《关于印发温州市级财政支出绩效评价指标体系框架的通知》（温财绩效〔2014〕315 号），对部门（单位）整体支出的评价，按投入、过程、产出、效果的逻辑模型，设定投入、过程、产出、效果等一级指标四个，一级指标下各设定了若干个二级指标和三级指标及其分值，总分合计100分。二是公平严格引入第三方评价。依据考核要求，结合财政专项资金，精心选定部门整体评价单位。财政监督局牵头负责落实有关工作，根据公平公正原则，在严格筛选审核之后引入第三方以开展整体绩效评价工作，并严格监控考评结果，做到考评程序和过程公平公正。三是公开透明全面监督。积极做好评价结果运用，绩效评价报告由平阳县财政局主送被评价单位，抄送县人大预算工委，评价结果作为财政安排预算和人大审查预算的重要依据。各部门（单位）应针对评价报告所提出的问题与建议进行认真分析，及时组织整改，并将评价报告向社会公开，接受公众监督；对评价报告公开后的社会质询，由作为责任主体的各部门（单位）予以解答。

4. 山东省莒县部门整体支出绩效评价管理经验总结

莒县按照"先建制度、先搭框架、先行试点、逐步推开"的原则，积极探索实施预算绩效评价，实现了由项目支出评价向部门整体支出评价的转变，预算绩效管理改革取得了明显成效。一是科学设定评价指标。根据上级深化预算管理改革的重点，科学设定预算评价指标，以部门单位收支管理情况为主要评价内容，涵盖预算编制与执行、预决算公开、盘活财政存量资金、压减"三公经费"、严肃财经纪律等五个方面，设立了16个考核指标，并赋予相应权重，实行百分制考核，同时将县直65个一级预算单位全部纳入绩效评价范围。二是实施部门整体评价。在前几年对部门项目支出和部分民生支出进行评价的基础上，将绩效评价向部门整体支出方面拓展，2017年评价的内容既包括了部门预算编制和执行情况，又包括了部门对结余结转资金、暂存款和暂付款的管理情况，以及部门贯彻执行差旅费、接待费、会议费、培训费、清理规范银行账户等制度规定情况，实现了由项目支出评价向部门整体支出评价的转变。三是规范绩效评价程序。先由单位开展自评、提供相关评价指标的基础数据，再由财政部门通过国库集中支付系统、部门预决算、实地查看单位账务等方式，对绩效评价数据进行核实，确保评价结果客观、真实、准确。四是强化评价结果的应用。财政部门将绩效评价结果在一定范围内进行通报，并根据部门绩效评价得分情况给予激励性奖励，同时将评价结果与下年度预算安排挂钩，促进部门提高预算绩效理念,提高财务管理水平。

5. 浙江省衢州市部门整体支出绩效评价管理经验总结

一是统一评价指标标准。市局选择市文化广电新闻出版局、质量技术监督局、粮食局三家单位实施财政预算整体支出绩效评价,涉及财政资金3042.26万元。为了能够横向比较三家预算单位财政资金的使用绩效,统一了指标标准、标准分值。二是强调预算编制质量。预算编制占34分,其中绩效指标明确性占10分,主要衡量预算单位年初项目支出数量目标、质量目标、进度目标、测算依据是否细化且可操作,资金总额与部门年度的任务数是否对应。三是注重资金使用绩效。资金绩效占37分,其中履职效益占17分,主要衡量预算单位年度任务实现的经济效益、社会效益、生态效益和社会满意度。四是注重评价完整性。从目标管理、预算执行、预算管理、资产管理、资金管理、预算绩效六个方面设定一级评价指标,下设25个二级指标。

在以上地方政府部门的绩效管理经验中提到最多的,首先是构建统一、科学的部门整体支出绩效评价指标体系,其次是创新部门整体支出绩效评价方式,坚持自评和他评(包括引入第三方机构、上级评价等方式)相结合的多元化评价模式。

(三) 部门整体支出绩效管理的初步成效

随着党和国家的决策部署在中央和地方的贯彻落实,预算绩效管理逐步成为各级财政部门和预算部门加强财务管理工作的中心,部门整体支出绩效评价工作取得了初步成效。

1. 绩效管理覆盖范围不断扩大

从中央到地方,绩效评价范围逐渐扩大,初步形成了有支出、有管理、有评价的绩效管理模式。截至2016年,部门整体支出绩效评价在中央部门全面推开,地方共有19个省(自治区、直辖市)开展试点,评价范围从省本级稳步扩大到市、县,实现了"纵向到底"。例如,山西省晋中市从2015年开始探索部门整体支出绩效评价,对部门支出进行了覆盖面更广、层次更深的绩效评价,在总结试点经验的基础上,2016年实现了部门整体支出绩效评价全覆盖。2015年,广西财政厅选择41个区直属部门开展2014年度部门整体支出管理绩效综合评价,同比上年增加了26个。

2. 绩效管理制度体系初步构建

近年来，财政部先后制定和印发了一系列文件，着力建立健全绩效管理制度体系和预算绩效评价体系，明确了绩效管理的发展方向、基本目标、工作程序、工作任务和主要内容，初步建立了涵盖绩效目标、绩效监控、绩效评价、绩效结果应用的相关管理制度，从方向和目标上加以规范和指导。随着预算绩效管理顶层制度设计的不断完善，中央部门和地方政府陆续开展了对财政支出绩效管理的探索，结合实际加强自身制度建设，各省级财政部门均出台了预算绩效管理办法。其中，国家海洋局制定了《财政支出绩效评价管理暂行办法》，国家林业局制定了《国家林业局中央部门预算支出绩效评价管理暂行办法》，吉林、贵州、广西等27个省、自治区以政府或政府办公厅名义印发了推进财政支出绩效管理的指导思想或工作规划，个别地区出台了相关地方性法规。据不完全统计，2012年，36个省级财政部门制定了102项制度办法，为财政支出绩效管理工作提供了制度保障，推进了预算绩效管理工作的进一步发展。在此基础上，各市县级政府也开始了对财政支出绩效管理制度的探索，如晋中市制定了《晋中市财政局2016年预算绩效评价实施方案》、德城区财政局下发了《德城区区级财政支出绩效管理重点评价项目实施方案》。这些文件的出台为绩效管理工作的有序、有效开展奠定了基础。

3. 绩效评价结果逐步得到应用

随着部门整体支出绩效评价工作的开展，评价结果的应用不断强化，逐渐与下一年度预算安排挂钩，提高了部门预算的管理水平。例如，安徽省六安市财政部门针对评审专家提出的意见进行汇总并形成评审结论，5个工作日内书面反馈至被评审单位，同时结合市直财力、部门上年度预算执行、部门结转结余等情况，统筹安排市直下一年度部门预算，着力让部门预算编制更加科学、合理、高效、透明；山东省德州市德城区严格实施部门整体支出绩效管理，把评价结果分为优、良、中、差四个档次，根据评价分值，确定评价对象对应的档次，并将评价结果作为下年度部门预算安排的重要依据，为政府决策提供参考。

4. 绩效评价指标体系不断完善

经过多年的实践探索，部门整体支出绩效评价指标库得到不断丰富与完善。其中，预算绩效管理工作具体包括了基础工作管理、绩效目标管理、绩效运行监控、绩效评价实施、绩效管理创新、监督发现问题等几个方面；评价得分采用了百分制和加减分制相结合的方式。海南省财政厅对指标体系进行了细化，对每个指标的评分标准都进行了规范。从指标体系的适用性上看，一方面以管理为导向，分别通过投入和过程两个维度进行了考核和评价，其中投入方面重点从目标设定和预算配置两个方面进行评价，考察资源配置的合理性和科学性，过程方面则评价预算执行、预算管理、资产管理的正当性和管理绩效；另一方面评价部门的产出和效果，回答部门绩效的本质，即从部门工作目标出发，根据部门的项目完成情况和完成质量以及产生的效率和效益，对部门整体支出绩效进行全面评价。

（四）部门整体支出绩效管理存在的问题

目前，我国部门整体支出绩效评价工作开展相对缓慢，绩效理念尚未牢固树立，评价的广度和深度不足，评价方法、评价指标体系相对缺乏。部门整体支出绩效管理存在以下主要问题。

1. 部门整体支出绩效管理不够科学

目前很多部门还未结合部门实际形成一个统一、科学、合理的部门整体支出绩效评价指标体系、标准体系和相关信息数据库，在开展绩效评价工作时存在临时设计评价指标和标准体系的现象，绩效评价工作既缺乏统一的指导，又缺乏可靠的历史资料和行业资料，从而使得评价结果的可比性不强，影响了绩效评价工作的科学合理性。具体表现在：部门整体支出绩效目标与产出的数量指标、质量指标缺乏对应性，各指标间衔接性不足，系统性不强；有些部门对项目绩效目标的设定和各项指标的理解、认识不到位，导致项目绩效目标不够明确、不够细化、不够量化，缺乏可衡量性和可实现性；个性指标设计不科学，评价标准模糊，易导致评估失误。

2. 绩效目标设定不合理

在部门整体支出绩效评价工作中，由于部分部门预算绩效管理意识不强，在设定绩效目标时未进行充分的调研与论证，甚至未根据绩效评价工作的要求设定绩效目标，导致绩效目标设定不科学、绩效评价工作依据不足，使评价工作难以达到预期效果。绩效目标是绩效评价对象计划在一定期限内达到的产出和效果，根据不同情况由财政部门和预算部门（单位）

分别或共同设定，绩效目标是实施绩效评价的主要依据和预算绩效管理的基础，是整个预算绩效管理系统的前提和依据。部门整体支出的绩效目标相比单一的基本支出或项目支出绩效目标而言更复杂、更具综合性，其绩效目标的确定性要求也更高。有些部门在设定绩效目标时，往往是把年度工作计划或总结中的重点内容直接用来作为绩效目标，或者在设定绩效目标时沿用工作计划或总结中的语言模式，指标设定不科学、依据不充分。也有些部门的项目效果指标缺乏相对应的证明资料，以致无法衡量项目效果，影响客观评价。

3. 评价方法与指标体系不完善

从现阶段的财政支出绩效评价的实际情况看，财政绩效评价内容尚局限于财政支出的项目绩效评价，缺乏科学、规范的绩效评价方法，对部门整体和财政综合的绩效评价不够深入，不利于全面衡量和控制财政资金的使用效率和效益。缺少一套动态的、适合所有支出的绩效评价指标体系。一方面，现行指标体系较为固化，不能适应不同部门、不同情况的变化，不利于单位根据实际情况填报合适的绩效指标；另一方面，现行指标体系多是以项目支出为内容设计的，不适合单位基本支出的评价。对于整体支出绩效评价的开展形式，尤其对指标体系的框架和内容尚未形成较为统一的认识。

4. 评价结果应用不充分

绩效评价结果的应用是绩效评价体系得以存在和发挥作用的重要条件，也是绩效评价制度的重要运行机制之一。建立绩效评价体系的目的不是简单地持续生成绩效信息，而是要为绩效信息寻找合适的应用渠道，否则绩效信息就不能对相关部门和有关人员产生激励效果。我国目前缺乏对绩效结果的有效应用与管理，主要表现为评价结果公示不足，评价结果总结不足，应用不充分，评价结果与预算脱节，缺乏与其他考评的结合。

参 考 文 献

[1] 王海涛. 我国预算绩效管理改革研究［D］. 北京：财政部财政科学研究所，2014.

[2] 张君. 部门预算绩效管理研究［D］. 大连：东北财经大学，2014.

[3] 张雪. 财政支出绩效评价研究——以海南省地方财政为例［D］. 武汉：武汉大

学,2011.

[4] 孙邦栋,孙大松,莫雁安.西方国家公共投资项目绩效评价理论研究综述[J].当代经济,2012(4):138-139.

[5] 张伟.完善预算支出绩效评价体系研究[D].北京:财政部财政科学研究所,2015.

[6] 郑保红.地方政府财政支出绩效评价指标体系构建研究——以安徽省池州市为例[D].南宁:广西大学,2014.

[7] 胡若痴,武靖州.部门整体支出绩效目标编制优化原则研究[J].财政研究,2014(6):37-39.

[8] 刘敏,王萌.整体支出绩效评价指标体系设计方法初探[J].财政监督,2015(7):50-52.

[9] 周晓花,等.对水利部部门整体绩效评价效益类指标构建的思考[J].中国水利,2016(4):49-52.

[10] 张晓庆.浅析地方政府部门整体支出绩效评价实践中出现的问题和对策——以Y市交通运输管理局部门整体支出绩效评价为例[J].中国资产评估,2015(12):43-46.

[11] 刘红艳.X市城市管理和行政执法部门整体支出绩效评价研究[D].湘潭:湘潭大学,2016.

[12] 刘勇辉,郭颖.部门整体支出绩效评价工作实践与探索[J].交通财会,2016(12):4-7.

[13] 李兰.邵阳积极探索部门整体支出绩效评价[J].行政事业资产与财务,2014(11):79.

[14] 马佳铮,包国宪.美国地方政府绩效评价实践进展评述[J].理论与改革,2010(4):155-160.

[15] 刘国永.整体支出绩效评价的探索与完善——对话海南省财政厅预算绩效管理处处长何伟斌[J].财政监督,2015(7)44:46.

[16] 刘瑞乾.部门整体支出绩效评价中存在的问题及对策[J].预算管理与会计,2017(1):7-9.

第二章 部门整体支出绩效管理的理论体系

第一节 相关概念的梳理

一、绩效与预算绩效

（一）绩效

"绩效"一词最早来源于工商管理和社会经济管理，后来在企业管理，尤其是人力资源管理方面得到广泛应用。其原意为"履行""执行""表现""行为""完成"，后被引申为完成的结果、执行的效果，是一项活动或行为最后结果的反映。其含义涉及两种观点：一种是"绩效行为论"，强调的是实现目标、采取行动的过程；一种是"绩效结果论"，强调的是目标实现程度、责任履行程度。英国学者柏拉丁（Bernardin）等认为绩效是工作的结果，将绩效定义为：在一定时期内，由某种工作职能或活动产生的产出结果。墨菲（Murphy）等则认为绩效不是活动的结果，而是人们实际做的、与组织目标有关并且可以被观察到的行动。在实际应用中，也有一些学者将绩效视作行为和结果的综合体。布莱姆布兰西（Brumbranch）很好地阐释了这一观点，他认为绩效包括行为和结果两方面内容，行为既是实现结果的途径和工具，也可以被看作是一种结果，这种结果体现为为了实现工作目标所付出的体力劳动和脑力劳动。姆维塔（Mwita）也认同绩效是一个综合的概念，应包括行为、产出、结果三个方面。此外，绩效包括质和量两个方面，不仅要求数量指标，更重视质量品位，要求提升服务水平，保证服务质量。而且，绩效兼具客观和主观的因素，绩效首先是公共行为的客观效果，是一种客观存在，同时这种行为产生的效果大小必须要经过社会和公众的主观评价，这种评价又是一种主观感觉，具有主观性。

绩效在不同时期和不同组织类型中有不同的定义。大体而言，绩效包括个人绩效、团队绩效和组织绩效。对于组织绩效，可以根据组织的类型分为企业绩效（或私人部门绩效）与政府绩效（公共部门绩效）。从 20 世纪 50 年代开始，西方国家为应对全球化背景下科技进步和国际竞争的潮流，以及本国面临的财政危机和公众信任问题，逐步将这一概念引入到政府公共管理之中。研究政府绩效既可以研究某一级政府的整体绩效，也可以根据其内部组成结构，分别研究部门绩效和项目绩效。

（二）预算绩效

1. 预算绩效的内涵

预算绩效是财政部门为实现某一财政目标，以财政目标为向导，做出的财政支出预算编制、监督及评价的政府预算管理模式，它是把政府公共部门支配的相关资源分配与增强政府预算绩效相结合的预算支出管理制度。

2. 预算绩效的特点

预算绩效作为一种全新的政府预算管理模式，注定与传统的政府公共管理预算有所不同。其具有如下特点。

（1）以量化指标的评价结果为目标。预算绩效能更为全面和科学合理地对政府公共管理预算进行可衡量的量化评价，对政府的预算所实施的各个环节进行有针对性的评价，持续跟踪政府在实施预算过程中的每个步骤，确定并保证预算支出结果的有效性和产生影响的正面性。

（2）预算实施者拥有较大的支配权。预算绩效是以预算的结果好坏来衡量相关部门的预算支出绩效的。因此，在预算支配权上可适当建立弹性机制，给予预算实施者和管理者更多的财政资源支出的支配权，在保证财政支出预算绩效全面提升和增强的前提下，可以下放财政资源的权力，让管理者充分展示其预算管理水平。

（3）对预算支出绩效的全面评价。预算支出绩效本身具有严格的程序，因此，对其绩效的评价较为全面，不仅深入跟踪每个预算实施的阶段，也对每个阶段的预算结果进行合理的评价，并按照一定的评价标准确定是否把预算继续进行下去并进入到下一步的预算阶段中，这不仅能保证及时反馈政府在每个阶段预算支出的绩效好坏以进行适时的更新和总结，也有利于节省资源，进行更优化的资源配置，提高资金的使用效率和效益。

二、预算绩效管理与预算支出绩效评价

（一）预算绩效管理

2011年，第一次全国预算绩效管理工作会议首次提出全过程预算绩效管理的理念。随后，财政部印发的《关于推进预算绩效管理的指导意见》，首次明确提出要逐步建立"预算编制有目标，预算执行有监控，预算完成有评价，评价结果有反馈，反馈结果有应用"的全过程预算绩效管理机制，其在现有的预算编制、执行、监督中融入绩效理念，实现了绩效管理和预算管理的有机结合。这标志着完整意义上的预算绩效管理理念正式确立。财政部将预算绩效管理定义为一个由绩效目标管理、绩效运行跟踪监控管理、绩效评价实施管理、绩效评价结果反馈和应用管理共同组成的综合系统，它强化政府预算为民服务的理念，强调预算支出的责任和效率，要求在预算编制、执行、监督的全过程中更加关注预算资金的产出和结果，要求政府部门不断提高服务水平和质量，花尽量少的资金，提供更多、更好的公共产品和公共服务，使政府行为更加务实、高效。

预算绩效管理作为政府绩效管理的重要组成部分，其管理内容主要包括以下四个方面。

1. 绩效目标管理

预算绩效管理的根本目标在于提高财政资金的使用效益，使有限的资源最大限度地发挥作用。在市场经济条件下，社会资源通过市场和政府两种方式实现资源的配置。市场在资源配置中发挥着基础性作用，但市场存在市场失灵等方面的限制，要实现资源的优化配置，要发挥政府这只"看得见的手"的作用，明确预算绩效目标，进而科学地进行绩效目标管理，是预算绩效管理的基础。

绩效目标包括绩效内容、绩效指标和绩效标准。预算单位在编制下一年度预算时，根据国务院编制预算的总体要求和财政部门的具体部署、国民经济和社会发展规划、部门职能及事业发展规划，科学、合理地测算资金需求，编制预算绩效计划，报送绩效目标。报送的绩效目标应与部门目标高度相关，并且是具体的、可衡量的、一定时期内可实现的。

财政部门依据国家相关政策、财政支出方向和重点、部门职能及事业发展规划等对单位提出的绩效目标进行审核，包括绩效目标与部门职能的相关性、为绩效目标的实现所采取措施的可行性、绩效指标设置的科学性、实现绩效目标所需资金的合理性等。绩效目标不符合要求的，财政部门应要求报送单位调整、修改；绩效目标审核合格的，进入下一步预算编审流程。

财政预算经各级人民代表大会审查批准后，财政部门在单位预算批复中同时批复绩效目标。批复的绩效目标应当清晰、可量化，以便在预算执行过程中进行监控以及在预算完成后实施绩效评价时对照比较。

2. 绩效运行跟踪监控管理

在预算绩效管理过程中，国民与政府是一种委托代理关系。这种委托代理关系导致在机制运行过程中委托人与被委托人获得信息的非对称性，非对称性的信息使被委托人在选择其行为时拥有一定的自主权，美国经济学家埃里克·拉斯缪森将这种风险分为五种类型，即隐藏行动的道德风险、隐藏知识的道德风险、逆向选择、信号传递和信息甄别。为了规避或减少制度运行结果与代理人行为隐藏风险的相关性，在预算绩效管理中引入运行监控的管理，这样可以提高财政资金运行的效率稳定性。

由此可以看出，绩效运行跟踪监控管理是预算绩效管理的必要环节。各级财政部门和预算单位要建立绩效运行跟踪监控机制，定期采集绩效运行信息并汇总分析，对绩效目标运行情况进行跟踪管理和督促检查，纠偏扬长，促进绩效目标的顺利实现。在跟踪监控中发现绩效运行目标与预期绩效目标发生偏离时，要及时采取措施予以纠正。

3. 绩效评价管理

预算绩效强调预算支出的责任和效率，评价绩效的好坏在于其与绩效目标的契合程度，评价预算绩效的通行标准包括四个方面。一是经济性

(Economy)。经济性强调以最低的费用取得一定质量的资源，它以提高公共支出活动中资金的使用效率和资金分配的均衡性为目标，为公共部门建立合理有效的决策机制和排序机制提供理论基础。二是效率性（Efficiency）。效率性以投入和产出的关系作为评判标准，包括以最少的投入获得一定量的产出或以一定量的投入获得最大的产出。三是有效性（Effectiveness）。有效性是绩效目标管理中最重要的评判标准，它表示产出结果在多大程度上达到了政策目标或其他的预期结果。四是公平性（Equity）。公平性是目标与社会公平的关系，即社会公众（尤其是弱势群体）能否得到公平待遇和享受公共服务，注重社会性和公众满意度，追求社会公平。

从另外一个角度看，绩效包括投入、成本、产出、效果四个方面。绩效的评价也有四方面综合作用的结果。例如，投入和产出的关系，即人力、物力的投入与政府提供商品和劳务的拟合优度；成本和效果的关系，即政府为获得产出实际支付的资金与其所带来的效益之间的联系。这些可以作为绩效评价的指标。

绩效评价是预算绩效管理的核心。在预算执行结束后，应及时对预算资金的产出和结果进行绩效评价，重点评价产出和结果的经济性、效率性和效益性。实施绩效评价应编制绩效评价方案，拟定评价计划，选择评价工具，确定评价方法，在设计评价指标后由预算具体执行单位对预算执行情况进行自我评价或委托第三方评价机构进行评价，提交预算绩效报告。

4. 绩效结果反馈管理

预算绩效管理要求政府部门以被委托人的身份强化为民服务的理念，是预算编制、执行、监督评价和问责的全过程控制，关注预算资金的产出和使用效率。绩效结果反馈管理是预算绩效管理的最后一个环节，强调对预算执行结果的管理。

将绩效评价结果及时反馈给预算具体执行单位，要求其根据绩效评价结果追根溯源寻找绩效管理中存在的问题，并及时反馈到绩效管理的各个环节，完善管理制度，改进管理措施，提高管理水平，降低支出成本，增强支出责任，同时，将绩效评价结果作为安排以后年度预算的重要依据，进一步实现预算绩效管理的科学化，实现预算资源更加有效、优化的配置。

同时，将绩效评价结果向同级人民政府报告，为政府决策提供参考，并作为实施行政问责的重要依据。对一些社会关注度高、影响力大的民生项目和重点项目支出绩效情况，依法向社会公开，接受社会监督，以提高绩效评价结果的透明度，促进绩效管理的发展，进一步提高财政资金的使用效益。

(二) 预算支出绩效评价与预算绩效管理的关系

预算支出绩效评价是预算绩效管理的关键环节和核心内容，同时也是公共财政管理改革的重要组成部分，是推进财政管理科学化精细化，提高资金使用效益的重要手段。财政部制定的《财政支出绩效评价管理暂行办法》明确指出：预算支出绩效评价是指财政部门和预算部门（单位）根据设定的绩效目标，运用科学、合理的绩效评价指标、评价标准和评价方法，对财政支出的经济性、效率性和效益性进行客观、公正的评价。

预算支出绩效评价对于预算绩效管理的重要性主要体现在三个方面。一是绩效评价指标体系的设置体现着政策的导向。绩效评价可以促使预算资金的分配更加着眼于预算资金的绩效目标和资源的有效使用，提高预算绩效管理水平。二是绩效评价有利于明确责任、加强监督。绩效评价可以明确预算单位资金管理各个环节的责任，并通过一系列科学合理的指标和方法，从不同方面对预算支出开展评价，充分发挥其财政监督的作用。三是绩效评价可以使预算资金再分配和使用等环节存在的问题充分反映出来，有利于分析预算支出绩效优劣的产生原因和影响因素，以采取有效措施提高预算资金的使用效益。

从西方国家绩效预算的推进过程来看，初期阶段都是建立和完善预算绩效评价的过程，西方国家的绩效预算大多是以成熟的财政支出评价体系为基础和前提的。贾康认为，西方国家的绩效预算是一个非常复杂的体系，它涵盖的内容比较广，既包括政府绩效评价体系，也包括预算支出绩效评价体系，当然在这其中还有组织管理体系。贾康指出，预算支出绩效评价能够从"质"和"量"两个角度来反映预算支出的使用绩效，是绩效预算的核心和重点。因此，目前应坚持在着眼于长期目标的同时立足于短期目标的原则，不断完善预算支出绩效评价体系，当绩效评价体系较为成熟时，预算绩效管理水平也会自然而然地实现质的提升。

三、部门预算支出绩效管理

在党中央、国务院的决策和部署下，2000 年以来，我国进行了部门预算改革。2001 年，以基本支出预算和项目支出预算改革为主线的部门预算支出管理改革率先展开。经过十几年的改革，基本支出预算和项目支出预算已趋于完善。特别是新修正的《中华人民共和国预算法》颁布实施后，部门预算支出管理改革又迈出新的步伐，除基本支出预算、项目支出预算外，部门预算支出管理又添加了部门整体支出预算内容，并且部门整体支出绩效管理将成为未来部门预算绩效管理的重点内容。部门预算支出框架结构如图 2-1 所示。

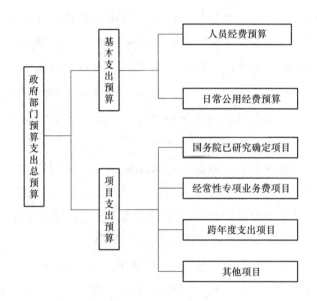

图 2-1　部门预算支出框架结构

部门预算支出绩效管理是一个将部门预算与绩效管理紧密结合的应用型概念，其核心仍然是绩效管理，但它的适用范围被限定在部门预算支出的范畴内。部门预算是反映政府部门收支活动的预算，它决定了部门预算支出绩效管理含义的公共属性，不同于企业的绩效管理。同时，部门预算支出绩效管理的对象也被定位在政府部门的公共预算支出上。此外，部门预算支出绩效管理更注重部门财政资金的使用情况,是以部门预算支出为核心管理对象,在追踪部门预算拨款、执行、评价全过程中研究公共管理,进而促进政府部门提高工作效率与服务水平。

第二节 部门整体支出绩效评价的内涵与特征

一、部门整体支出绩效评价的内涵

部门整体支出绩效评价是指财政部门根据预算部门设定的部门绩效目标,运用科学、合理的绩效评价指标、评价标准和评价方法,对预算部门整体支出的绩效目标完成情况、部门履职情况、预算管理水平、产出和效果等,进行客观、公正、全面、系统的评价。部门整体支出的范围涵盖纳入部门年度预算的所有支出,包括基本支出、项目支出等。同时,除财政支出外,单位自筹资金(如经营性资金等)也应纳入部门整体支出绩效评价的范畴。部门整体支出绩效评价的重点,一般为该部门在一定时期内运用所有财政预算资金所带来的产出和效果是否达到应当履行职责的要求,或者在满足目前履职要求的前提下是否尽到了尽量节约资金的职责。整体支出绩效评价是面向中长期和中观层面的评价,对一个部门的整体支出绩效评价能够洞悉资源配置的有效情况以及各部分要素之间的有机关系,从而把握部门整体的资源配置合理性和资金运用效益。

整体支出绩效评价是建立在项目支出绩效评价基础上,覆盖面更广、评价层次更深的绩效评价工作。它与项目支出绩效评价不同。在评价范围上,整体支出绩效评价不仅包括项目支出,还涉及单位的人员支出和公用经费支出,在较大程度上弥补了评价项目支出绩效因缺少考虑基本支出的投入贡献而放大绩效的问题。在评价内容上,整体支出绩效评价不仅关注专项资金的使用绩效,还关注单位全部财政资金的总量安排合理性、资金结构与单位核心职能的匹配关系、资金安排对单位战略目标实现的支持程度。整体支出绩效评价能从更全面的角度,为分配财政专项资金提供合理的参考依据。

二、部门整体支出绩效评价的特征

与传统的项目绩效评价相比,部门整体支出绩效评价更关注部门全部财政资金总量安排的合理性和使用的效益性,具体体现为资金结构与部门核心职能的匹配关系,资金总量与部门绩效目标实现的保障水平,资金使用与部门提供公共服务水平的支持程度等。部门整体支出绩效评价具有以下特征。

一是评价覆盖范围更广。项目支出绩效评价只针对一个项目进行绩效评价,而整体支出绩效评价针对整个部门的所有资金、所有项目进行综合性评价,评价覆盖范围广、资金量大。

二是评价内容更多。项目支出仅根据一个项目的实施情况,对其投入、产出、效果等进行评价,而整体支出绩效评价需结合部门职责情况,对部门的重点职能保障及重点支出情况进行评价,是对部门支出情况的认定。

三是评价难度更大。项目支出绩效评价仅需围绕某一个项目的产出及效果进行评价,评价人员相对容易界定产出的数量、质量、成本以及相关的经济效益、社会效益等。整体支出绩效评价是对部门以及部门所有项目进行的综合评价,对评价的方式、范围和方法、程序等都提出了更高要求。

四是评价结果更实用。部门整体支出绩效评价结果主要应用于以下方面:反馈评价结果,督促部门在规定时间内进行整改,并适时将整改情况纳入政府绩效考评范围;实行信息公开,财政部门将部门整体支出管理绩效综合评价结果通过部门门户网站、政府信息公开统一平台、报纸等进行公开;实行报告制度,将整体支出管理绩效综合评价结果及时提供给人民代表大会、政府、审计部门、监察部门、绩效部门等,以作为其决策、行政问责和年度考核的参考依据;整体支出管理绩效与部门预算安排挂钩。

第三节 明确部门整体支出绩效评价的几个关系

要准确理解部门整体支出绩效评价的含义,就要注意区分其与政府部门绩效评价、部门行政效能评价、项目支出绩效评价等概念的区别。在其与其他相近或类似概念的辨析中,人们可以更加清晰地认识到部门预算支出绩效管理的研究定位。

一、部门整体支出绩效评价与政府部门绩效评价的关系

与部门整体支出绩效评价相比，政府部门绩效评价的范围更加宽泛，也更为宏观，它囊括了政府行为对经济发展的影响，对教育、卫生、就业、环保等公共事业的推动，对社会稳定所做出的努力等各个方面，反映的是政府总体绩效。而部门整体支出绩效评价关注的是某一政府部门的所有财政支出绩效情况。同时，部门整体支出绩效评价更注重财政资金的使用情况，是以部门整体预算支出为核心评价对象，在追踪部门预算拨款、执行、评价全过程中研究公共管理，而政府部门绩效评价则更多是站在跨部门的角度把某一公共管理事务整体发展作为考核和观测对象，预算支出评价只是其中的部分内容。可见，由于关注层面和角度不同，部门整体支出绩效评价是政府部门绩效评价的必要组成部分和重要补充。

二、部门整体支出绩效评价与部门行政效能评价的关系

（一）部门整体支出绩效评价与政府部门行政效能的现状

随着我国经济的发展，行政体制改革不断深入，政府部门绩效管理在单位人员管理以及政府部门组织管理中的地位日益提升。政府职能的扩大、单位人员工作的日益复杂化，使得政府部门的绩效产出更加难以量化，原有的绩效考核手段和方法难以适应当前政府部门绩效考核的要求。主要表现在三个方面。其一，原有绩效考核手段难以同政府部门战略发展相联系。绩效考核手段常常注重短期行为和短期目标的实现，造成政府部门管理长期目标与短期目标的不平衡，以致组织绩效的短期化和"政绩工程"大量存在。其二，原有绩效考核体系缺乏顾客导向性，缺乏有效的外部评估和监督。现代的绩效管理模式需要引入顾客导向，增强顾客维度的测量和评价，使服务型政府的目标得以真正落实。其三，原有绩效考核体系难以将定性指标与定量指标有机结合。绩效考核手段往往倾向于定性化的考量，造成定量化考核的不足，这很大程度上弱化了考核的客观性与公正性。因此，为了适应当前国家政治体制改革的需要，有必要对原有政府部门绩效管理体系进行完善和发展。由于我国在部门整体支出绩效评价的探索实践

起步较晚，整个制度尚不够成熟，绩效评价的运行和管理体系还不够完善。深入研究部门整体支出绩效评价，对于促进预算支出绩效评价体系的完善和预算绩效管理的提升具有重要的理论价值。

(二) 部门整体支出绩效评价与部门行政效能评价的联系

从理论层面来看，行政效能建设是基础，标准化的行政权力、完善的权力运行机制、科学的基础管理能够有效确定部门在行政架构中的定位、部门与相关部门的业务关系、部门工作机制和流程，从而为部门实现战略目标、落实中长期规划、完成年度工作计划提供坚实的制度保障，即行政效能建设构成了部门整体支出绩效评价的制度环境；同时，部门整体支出绩效评价能够帮助部门聚焦绩效薄弱环节，并促使部门对原因展开分析，从而不可避免地将部分问题根源回溯至效能建设上来，这一过程有助于推动政府管理流程优化或再造，即部门整体支出绩效评价可以在一定程度上体现出部门行政效能建设的整体水平，并倒逼制度环境的调整与优化。

从工作层面来看，尽管部门整体支出绩效评价与部门行政效能评价的评价对象和评价路径不同，但数据间存在高度的共享关系，因此部分评价内容存在重复的风险，其原因是：预算部门通常遵从目标管理的思路，将年内需要完成的各项工作列入工作计划。在这种处理方式下行政效能建设工作极有可能表现为预算中的专项，从而不仅作为效能建设内容被评价，也作为绩效评价中的"产出"被评价；即使其并未以专项形式而仅仅作为日常工作来推进（即没有专项预算保障），按照当下部门整体支出绩效评价中考察"年度工作计划对应内设机构的职责履行情况、履行效果"的思路，部门仍然有可能对行政效能建设的部分内容（仍处在推进建设过程中的部分内容，而非整体的制度体系）进行考察。

(三) 部门整体支出绩效评价与部门行政效能评价的区别

部门整体支出是指部门为实现战略目标、履行自身职责、完成年度工作计划，按照相关法律法规编制、申报、通过批复并执行的包括基本支出（人员支出与公用经费）、项目支出在内的部门全部预算资金。部门整体支出绩效评价是指从部门资金的角度出发，根据部门设定的绩效目标，运用科学、合理的评价方法，对预算部门整体支出的绩效目标完成情况、预算管理水平进行客观、公正的评价。

部门行政效能是指在行政管理活动中，各级行政主体在实施行政行为时，以较小的行政资源投入来实现最佳的行政工作目标，达到资源配置的最佳状态。行政效能必须符合行政行为合法性、有利性、正确性的原则。部门行政效能评价，即从部门工作的角度出发，考察各级政府部门在运行过程中，是否有效配置资源，是否规范化、标准化地履行行政职责，是否合规、高效地实施对应职能行为，从而评判政府部门管理的效益、效率和效果。

（四）如何加强部门整体支出绩效评价与部门行政效能评价的关联性

1. 注重部门整体支出绩效评价与部门行政效能评价的结合应用

注重部门整体支出绩效评价和部门行政效能评价的结合应用，即充分利用两者在评价内容、评价结论方面的互补性，提高两者在实施阶段的科学性和针对性。具体来说，部门整体支出是部门正常运转、完成日常工作和特定任务、实现事业发展的资金保障。部门整体支出的绩效目标，即是对部门职责实现情况的描述，而这一点与行政效能建设联系紧密。因此，在设计部门整体支出绩效评价方案时，不能将其和部门行政效能评价完全割裂开，而应该按照部门职责、部门行政权力等确定部门绩效目标。在设计部门行政效能评价方案时，也应参考部门整体支出绩效评价中绩效目标实现欠佳的部分，确定重点考核内容，从而切实推动部门管理创新改革进程。

2. 加强统一领导，避免重复考核

鉴于部门整体支出绩效评价和部门行政效能评价目前尚在探索阶段，且现阶段部门支出绩效目标的实现和行政效能建设工作都服从于目标管理的思路。因此，在评价内容上，两者存在较多的重复交叉内容。为规避上述风险，部门应推动实现统一领导或者合作开展，明确各自评价的侧重，围绕对应评价内容界定数据范围，尽量避免重复考察。对于确实有必要同时纳入两个评价体系的部分内容（主要表现为部门整体支出评价对部门效能建设的涵盖），应通过统一领导促成数据共享，从而减少预算单位的负担，提高评价效率。

三、部门整体支出绩效评价与项目支出绩效评价的关系

我国预算绩效评价根据内容划分主要包括基本支出绩效评价、项目支出绩效评价、整体支出绩效评价三部分内容。在预算绩效初期，各级财政

部门主要以项目支出绩效评价为主体,开展预算绩效评价工作。但随着预算绩效管理改革持续深入推进,单一的项目支出预算绩效评价已经不能适应预算绩效管理改革的需要。从部门整体支出绩效评价具有的主要特征来分析,与基本支出预算绩效评价和项目支出预算绩效评价相比,以部门整体支出为预算绩效评价对象,正在成为提高财政资金配置水平和提升政府公共服务质量的有效途径。

当前部门整体支出绩效评价与项目支出绩效评价的区别尚不够明显,但通过分析当下部门整体支出绩效评价与项目支出绩效评价各自的特点可知,不能将部门整体支出绩效评价看作多个项目支出绩效评价的加总。深入探析两者之间的区别,可为部门整体支出绩效评价新模式的探索提供思路。

参 考 文 献

[1] 张伟. 完善预算支出绩效评价体系研究 [D]. 北京:财政部财政科学研究所, 2015.

[2] 张凤义. 黑龙江省工信委部门预算支出绩效评价及对策研究 [D]. 哈尔滨:哈尔滨工程大学, 2013.

[3] 财政部. 关于推进预算绩效管理的指导意见 [Z]. 2011-07-05.

[4] 张君. 部门预算绩效管理研究 [D]. 大连:东北财经大学, 2014.

[5] 刘敏, 王萌. 整体支出绩效评价指标体系设计方法初探 [J]. 财政监督, 2015 (7): 50-52.

[6] 高雅琪. 平衡记分卡在公务员绩效考核中应用研究 [D]. 成都:西南财经大学, 2007.

[7] 关欣, 汪学怡, 倪城玲. 部门整体支出绩效评价工作思路初探 [J]. 水利财务与经济, 2016 (6): 46-49.

[8] 王海涛. 我国预算绩效管理改革研究 [D]. 北京:财政部财政科学研究所, 2014.

第三章 水利系统某单位部门整体支出绩效评价分析

第一节 水利系统部门整体支出绩效评价的发展进程

一、水利部近年来单位整体支出绩效评价探索与经验

（一）水利部在推进财政资金预算绩效评价方面的探索

2002年，水利部按照相关政策的要求开始展开行政事业类项目经费绩效考评工作。

2005年，水利部下发《关于进一步加强预算项目成果管理和绩效考评的通知》，标志着水利项目财政支出绩效评价工作开始规范化；水利部印发《水利部中央级项目支出预算管理细则》，该细则对绩效评价的组织管理、工作程序和结果运用等方面进行了明确规定，为绩效考评试点工作的开展提供了制度保证。

2009年，水利部组织开展了"水利部直属预算单位行政事业类项目绩效考评指标体系"课题研究工作。

2012年，水利部将"水利绩效管理体系建设研究"列为年度重大课题。同年，启动了"三项机制"建设工作，颁布实施《水利部预算项目储备管理暂行办法》《水利部预算执行考核暂行办法》《水利部预算执行动态监控

暂行办法》，并于2013年印发了三个管理办法的实施细则。

2014年，水利部绩效评价试点项目的范围不断扩大，绩效评价试点项目达到14个；同时，水利部启动了单位整体支出绩效评价试点工作，下发了《水利部财务司关于开展2014年度单位预算试点项目和单位整体支出绩效评价的通知》（财务预〔2014〕2号），其中选取了黄河水利委员会三门峡库区水文水资源局和淮河水利委员会水环境中心两家部属单位作为单位整体支出绩效管理试点单位来开展单位整体支出绩效评价试点。

2015年，水利部单位整体支出绩效评价试点的范围不断扩大，根据《水利部财务司关于开展2015年度单位试点项目和单位整体支出绩效评价工作的通知》（财务函〔2015〕232号）要求，水利部选取了七家部属单位作为单位整体支出绩效管理试点单位。

2016年、2017年，水利部单位整体支出绩效评价试点范围进一步扩大，选取了九家部属单位作为单位整体支出绩效管理试点单位。

（二）水利部单位整体支出绩效评价管理经验分析

水利部开展绩效评价工作相对较早，与其他部门相比有较好的基础和自身的工作特点。通过不断的探索和实践，水利部在推进绩效评价工作的同时，注重相关理论研究，坚持用理论指导实践的思路。在此基础上，结合水利工作的自身特点，研究建立水利行业绩效评价制度体系，并以规范指标体系为抓手，努力提高绩效评价的质量和效果。通过持续推进预算绩效管理工作，水利部逐步树立了绩效导向意识，"花钱必问效、无效必问责"的理念深入人心，基本建立了"预算编制有目标、实施过程有监控、实施完成有评价、评价结果有反馈、反馈结果有应用"的全过程水利预算绩效管理机制，推动水利预算绩效不断提升。水利部的做法和经验可以总结为以下八个方面。

1. 加强理论研究

在部门预算管理改革不断完善后，公共财政管理领域的一项重大管理举措就是预算绩效管理改革，它是一项全新的工作。因此，加强预算绩效管理理论研究，特别是紧密结合水利绩效管理实际的研究，对于推动水利预算绩效管理具有重要意义。2005年，财政部推行预算项目绩效考评制度以后，水利部及时选取"节水型社会建设"等项目开展绩效评价试点工作。

在实践的过程中特别注重预算绩效管理理论研究和制度建设工作。随后几年，水利部相继开展了关于绩效评价指标体系的课题研究，结合水利行业自身的特点，研究制定了涉及广泛、规则统一的指标体系。

2. 完善绩效管理机构

为进一步加强水利部预算管理，提高水利财政资金使用效率和效益，建立健全覆盖所有财政性资金，贯穿财务运行全过程的管理、监督和协调机制，水利部于2012年印发了《关于成立水利部预算管理领导小组的通知》（水人事〔2012〕434号）。领导小组主要负责指导水利部预算管理工作，研究、协调解决水利部预算项目储备管理、预算执行考核、预算执行动态监控和预算绩效管理及其他预算管理中的重大问题。2012年5月，水利部组织召开了水利绩效管理工作会议，系统回顾、总结了过去十年在水利预算绩效管理上的成功经验，以及在实践过程中遇到的问题，同时对目前的绩效管理状况给予了符合实际的定位，并对今后一个时期水利预算绩效管理工作进行了部署和安排。水利部积极对相关绩效管理机构进行重组和优化，改变过去只由财务部门单独管理、管理效果不佳的状态，将业务部门纳入绩效管理的组织体系，使业务部门负起绩效管理的责任，与财务部门一起抓、共同管。例如，像防汛抗旱这种涉及面非常广的专项工作，水利部对其绩效管理机构是这样进行调整的：业务主管部门的领导对项目总体负责，包括项目的绩效评价；财务部门的职责是配合业务部门，在具体操作上负责一些工作，如负责联系各个项目单位，督促相关单位及时报送项目绩效目标和相关评价指标，并对其进行汇总同时对照项目实施情况配合业务部门开展评价工作。

3. 建立健全制度

为了加强绩效管理，水利部完善健全了制度办法，如《关于推进水利预算绩效管理的意见》《水利部部门预算绩效管理暂行办法》《中央水利财政专项资金绩效评价管理办法》等。为了进一步明确单位整体支出绩效评价的内容和范围，水利部制定了绩效评价指标体系，如《水利部门单位整体支出绩效评价指标体系》《部直属单位整体支出绩效评价指标体系》《中央财政专项资金绩效评价共性指标体系》及水利部部门18类重大预算项目绩效指标体系。

4. 扩大评价范围

水利部于 2014 年开始启动部门整体支出绩效评价试点工作，选取了黄河水利委员会三门峡库区水文水资源局和淮河水利委员会水环境中心两家部属单位作为部门整体支出绩效管理试点单位。2015 年以后，水利部部门整体支出绩效评价试点的范围继续扩大。2016 年、2017 年，连续两年选取黄河流域水环境监测中心、长江水利委员会水文局荆江水文水资源勘测局等九家单位开展整体支出绩效评价试点工作，涉及资金金额达到 2.6 亿元。

5. 合理确定绩效目标

绩效目标是合理编制预算的前提条件、绩效评价流程中实施绩效监控的对象及实施事后绩效评价的依据。因此，合理确定绩效目标是绩效评价的关键环节。水利部尤其注重对绩效目标的管理和审核工作。例如：在预算编制的"一上""二上"环节，科学制定并完善了部门整体支出绩效目标和指标；在设置绩效指标时，同时兼顾共性指标和个性指标；在审核绩效目标及指标时，积极引入中介机构对绩效目标进行逐项审核。

6. 强化评价过程管理

水利部积极开展中期绩效监控工作，及时发现和解决问题，完善预算管理，促进绩效目标的实现。同时，扎实开展年度整体支出绩效评价，包括评价标准制定、中介机构复核、专家组抽查及评价反馈应用等，保证绩效评价流程规范、绩效评价结果客观真实。

7. 坚持多方参与

水利部在推动预算绩效管理过程中，始终坚持"财务搭台，多方参与"的原则。明确牵头主体，由财务部门搭建绩效评价的平台，起到总协调的作用，业务部门发挥主导作用，结合各项业务特点深入开展绩效评价工作，同时依靠第三方专业力量，比如水利行业的专家团队或者熟悉水利行业的社会中介机构，大大提高了水利项目绩效评价的整体水平。在此基础上，邀请水利行业的相关研究院所以及上述的社会第三方力量组成绩效评价智库，充分发挥了智库在行业管理中的重要作用，同时确保了绩效评价的客观和公正。这些多方参与的举措和经验值得学习和借鉴。

8. 推进评价结果应用

水利部在确定绩效评价结论后，即会在政务内网上公开绩效评价结果，并将相关意见反馈至各项目单位。各相关单位收到评价结果后，通过内网公开、内部公示、文件传达等方式将评价结果向有关部门、单位、项目负责人和内部员工等进行公开。针对绩效中期监控和评价中发现的有关问题，水利部自上而下督促各单位认真查找原因，将整改责任落实到具体部门、单位、项目负责人，并加强督促指导，确保绩效目标如期实现。同时，将评价结果纳入预算执行考核办法，与下年度预算规模挂钩，不断推动预算绩效提升。

二、水利系统某单位概况

该单位成立于2000年8月2日，为水利部直属事业单位。根据相关文件批复，该单位承担水利科技推广、人才资源开发、水资源管理、水利水电建设与管理、水土保持生态环境建设、外资利用、水利水电机电产品制造、水利多种经营等方面的综合管理和服务工作。

近几年来，该单位在做好上述原有工作的基础上，积极拓展并大力推进水生态文明建设、水资源监控与考核、水权制度与水权交易平台建设、合同节水管理、非常规水源开发利用等新业务，共承担了项目经费13.8亿元，其中，500万元以上财政项目24项，水利部公益性科研项目8项，"948"引进及其他科研项目16项，水利基本建设项目11项。总体而言，单位职能较复杂，业务类型较多，涉及财政资金金额较大，单位管理制度较健全，绩效管理人员对绩效评价工作的认识到位、充分，单位人员业务能力较强，单位管理较为复杂。

三、试点单位部门整体支出绩效评价及经验

（一）试点单位部门整体支出绩效评价工作

2016年，该单位开展了部门整体支出绩效评价工作。工作主要包括：第一，选取太湖流域管理局和珠江水利委员会作为调研单位，开展现场调研工作，包括现场沟通交流部门整体支出绩效评价开展过程中好的经验和做法，及对现有评价流程提出改进意见等，并于会后撰写了调研报告；第二，选取该单位本级和人才资源开发中心两家单位作为试点，开展部门整体支出绩效评价工作，包括方案的制定和审查、资料的收集、撰写评价报

告、召开专家验收会等工作流程。

通过开展这些工作，该单位总结了预算绩效管理的经验，发现了存在的问题，为以后年度继续开展部门整体支出绩效评价新模式探析课题研究提供了需求依据。

（二）水利系统某单位部门整体支出绩效管理经验分析

在水利部绩效考评工作的指导下，该单位于2011年开始开展重点项目绩效考评工作，主要开展了节水型建设、干部培训、"948"科技推广的项目绩效考评。按照水利部的相关要求，该单位项目绩效考评工作开展有序，近几年取得了显著成绩。一方面，在自评价及部级评价中该单位的项目绩效考评得分均在90分以上；另一方面，该单位的绩效考评从开展绩效考评存在困难、难点，到能够按照水利部要求开展绩效考评，同时能够结合自身特色和水利部绩效考评框架，设计一些指标，取得了一定成果。但对于如何科学合理制定绩效指标，如何按照绩效指标开展工作，指标对单位发展的影响，绩效结果对下一年度预算申请的影响等问题，还需要在深化绩效考评工作中加以解决。

该单位自开展财政支出绩效管理以来，还结合自身情况，积极开展财政支出绩效管理研究和试点工作，不断扩大试点范围和规模，水利项目的财政支出绩效管理工作相对成熟，形成了一套较为完善的绩效评价方法和标准的绩效评价指标体系。同时，随着财政支出绩效管理工作的不断深化和完善，积极开展部门整体支出绩效管理的探索和尝试。在财政支出绩效管理方面积累的经验尤其是在部门整体支出绩效管理方面的探索，为该单位开展部门整体支出绩效评价工作提供了方向指引和工作支持。经过多年的不断实践与探索，该单位已经形成了一套绩效管理经验，具体表现为以下四个方面。

1. 健全的组织机构

在"十二五"期间，根据管理需要和业务发展情况，该单位调整了部分组织机构。现内设10个职能部门（包括水资源管理中心），并有下属二级事业单位11家，其主要业务机构得到优化，人员编制得到扩充，较好地适应了水利改革发展的要求。

2. 完备的管理制度体系

自 2000 年成立以来，该单位在业务管理、预算申报、项目验收、年终考核等方面形成了一套完备的管理制度体系。在"十二五"期间，该单位围绕党建、行政、业务和企业等四个方面不断加强制度建设，局机关共制定和修订 30 项工作制度和管理办法，局属事业单位和企业共制定和修订 220 余项工作制度和管理办法，保障了各项管理工作的规范高效，管理水平得到很大提升。

3. 高素质人才的培养

在"十二五"期间，该单位加大干部人才培养力度，开展了处级干部任职培训、女干部综合素质培训、MBA 核心课程培训，共培训干部 116 名；安排了 7 名优秀干部进行跨单位交流；实施了"拔尖人才"培养计划，选拔培养第一批拔尖人才 26 人。通过一系列的人才培训和培养活动，极大地提高了该单位的人员素质。

4. 重视绩效管理理念

该单位自 2011 年以来，开展了节水型建设、干部培训、"948"科技推广等一系列重点项目绩效考评工作。通过项目支出绩效考评工作的开展，培养了部门人员的绩效考评意识，提高了部门人员绩效考评的工作技能，为该单位开展整体绩效考评工作积累了丰富的工作经验。

四、试点单位部门整体支出绩效评价发现的问题

2016 年，水利系统某单位选取本级和人才资源开发中心两家单位作为试点开展部门整体支出绩效评价工作，通过试点发现了一些问题。

（一）绩效评价指标体系需进一步完善

2016 年，该单位试点单位部门整体支出绩效评价在《关于印发＜预算绩效评价共性指标体系框架＞的通知》（财预〔2013〕53 号）的基础上，结合水利部单位整体支出绩效评价指标体系模板及该单位情况，构建了部门整体支出绩效评价指标体系。指标体系构建主要根据 KPI 指标构建的方法，自上而下地分解该单位各项指标，建立了三层级的绩效评价指标体系。后来指标体系有些创新变动，例如：①剔除部分绩效评价指标，在年度绩效评价指标体系中剔除了财预〔2013〕53 号文中的"三公经费"变动率和

"三公经费"控制率指标；②增加管理绩效评价指标的权重，因综合局本级为管理职能较强单位，在指标体系中加入了"常规工作完成率"和"常规工作完成质量"两个管理类指标，并增加了其权重。

但从评价结果来看，评价的内容与以往部门整体支出绩效评价并无本质区别。深入分析部门整体支出绩效评价内容与单位内部审核机制内容的区别与联系，因此需进一步创新部门整体支出绩效评价指标体系，以明确部门整体支出绩效评价的主要内容和重点。

（二）绩效评价模式需进一步创新

通过实践发现，当前部门整体支出绩效评价与项目支出绩效评价的区别不够明显，不能将部门整体支出绩效评价看作多个项目支出绩效评价的加总，只有深入探析两者之间的区别，才能为部门整体支出绩效评价新模式的探索提供思路。

第二节 水利系统部门整体支出绩效评价的重点和难点

一、水利系统部门整体支出绩效评价的重点

根据财政部关于财政支出绩效评价的规定，绩效评价的主要内容是财政支出的经济性、效率性和效益性，包括：①绩效目标的设定情况。包含单位基本情况，单位职能，机构设置与人员编制，部门预算批复情况，单位资产情况，单位预期产出、预期效果及达到预期产出所需要的成本资源等。②资金投入和使用情况。包含投入的资金量，具体用途和使用进度，财务管理状况，资产配置、使用、处置及其收益管理情况等。③为实现绩效目标所采取的措施。包含建章立制、组织协调、资源配置、物质保障等。④绩效目标的实现程度及效果。包含实际提供的公共产品和服务的数量、质量、时效、成本情况，所带来的实际经济效益、社会效益、生态效益和可持续影响情况，服务对象或受益人的实际满意程度等。

根据财政部印发的《部门整体支出绩效评价共性指标体系框架》，部门整体支出绩效评价的内容集中体现在投入、过程、产出和效果四个方面，共包括28个评价指标，各单位可在绩效评价实际中选择使用。综合来看，

部门整体支出绩效评价的重点一般为三个方面。

（一）部门决策过程

部门决策过程包括部门绩效目标的设定、部门预算的配置、年度重点工作安排。部门决策是后续工作开展以及部门绩效顺利实现的前提保证，规范的前期决策过程以及正确的决策方向能够保证后期部门工作的有序开展，进而更好地实现部门预期绩效目标。

（二）部门管理情况

部门管理情况具体包括预算执行情况以及预算管理情况。通过对预算完成数量、完成进度、调整情况进行评价，保证财政资金按照预期计划足额、及时地投入到最初批复的工作内容中；同时通过对预算执行过程中制度健全性、资金使用合规性等方面进行评价，保证财政资金的支出符合相关规定。

（三）部门绩效实现情况

部门绩效实现情况分为产出与效果两个方面，而部门产出又包括部门基本管理产出与部门所开展的项目产出。通过对部门管理与项目的产出及其对应效果进行评价，全面评估财政资金投入所带来的效益，为以后年度财政资金的继续投入提供参考依据。

二、水利系统部门整体支出绩效评价的难点

在开展部门整体支出绩效评价工作过程中，除应注意上述评价重点之外，评价工作也应重点关注以下几方面难点。

（一）部门整体支出绩效目标内容庞杂，提高目标设定的科学性难度较大

绩效评价的关键基础和前提是要有明确的绩效目标，而在目前行政管理体系中，大部分部门职能复杂、业务内容多样，财政支出的规模较大、内容较多，设定出清晰、明确、科学的部门整体支出绩效目标的难度较大，大部分部门整体支出绩效目标内容往往较为庞杂，因此提高部门整体支出绩效目标设定的科学性成为绩效评价工作中的难点之一。

（二）绩效目标与预算支出的对应关系不够清晰，目标实现的经济性较难评价

部门整体支出绩效评价不同于政府部门其他维度的绩效评价，它是以

预算支出为主线,以目标设定及实现程度为核心开展的评价工作。这就意味着有效的绩效评价工作必须要以绩效目标与预算支出之间清晰的对应关系为基础,只有这样才能科学地评价资金的使用效率和效果。但在部门整体支出绩效评价试点工作中发现,各部门基本制定了年度工作计划、任务重点和绩效目标,也申报了部门年度预算,但没有进一步明确各项预算支出与年度工作任务、绩效目标之间的对应关系,在财务核算中也没有实行权责制度,导致在绩效评价过程中无法考核绩效目标实现的经济性。同时,部门整体支出包含了基本支出和项目支出:项目支出一般与单位履行特定的职责相关,其绩效目标指标的提炼、归类难度相对较低;而基本支出由于主要用于维持人员和机构的正常运转,产出指标模糊,很难与部门整体支出绩效目标建立明确的对应关系,除管理有效性外,其他绩效指标也很难进行清晰的评价。

(三) 部门整体支出绩效具有外部性、公益性特点,支出效益难以准确计量

行政事业单位整体支出是以履行单位既定职责为主要目标的,不以追求直接的经济效益为导向,其效益目标特别是一些宏观管理工作的目标,更多是从服务于社会公共管理和国民经济健康发展的角度来考虑的。相应地,其产出和效益主要以社会效益为主,最终作用于部门以外的广大社会公众;部分效益的显现还具有滞后性,很难用数学、统计方法进行测算或者计量,如水利部某部门每年需要投入大量经费开展水污染监测、水质监测动态联防等工作,这些工作并不能带来直观的经济收益(即外部性),也无法在短周期内直观地体现水质改善等生态效益(即收益的滞后性),因此该部门整体支出效益可能难以准确和及时衡量。

(四) 基本支出与项目支出界线不清

在部门整体支出绩效评价过程中,由于基本支出与项目支出方向不同、发挥的作用不同,因此其产出和效果也应有所不同。但在评价实践中发现,目前两者的产出和绩效很难完全清晰地界定。主要原因为基本支出中的公用经费与项目经费之间的支出界线不够清晰,有的项目工作内容与岗位日常工作重合,属于公用经费支出范畴。同时,部分围绕项目支出所进行的业务活动也需要公用经费予以保障,往往部门履行某一基本职能所需资金同时来源于项目支出经费和公用经费两方面,由此带来的产出和效果难以

准确界定应归属于项目支出还是基本支出,给绩效评价带来了一定困难。

（五）不同行业单位的绩效评价指标体系侧重点不同

不同的政府部门在社会经济发展过程中都负有不同的职能,而部门整体支出绩效评价结果直接关系着部门职能能否实现以及实现的程度。因此,要合理科学地评价不同部门的财政资金使用效率及职能履行情况,就要依据不同行业特点、财政支出方向和重点、部门职能及事业发展规划等有针对性地设计出能体现行业特点和部门职能的绩效评价指标体系。

澳大利亚的政府服务评审筹划指导委员会分别对公共急症医院、公共住房供给、普通教育、警察、职业教育与培训、司法、罪犯改造、儿童保护及福利等八个公共服务领域构建了不同的评价指标。例如,澳大利亚的政府服务评审筹划指导委员会对公共住房供给进行评价,指标包括服务质量、服务的恰当性、服务的可获得性、服务的可承受性、租赁管理成本、资产管理成本等六大类,具体细化指标为:①服务质量,包括住宅条件、房客满意度;②服务的恰当性,具体指标是受援助的户数;③服务的可获得性,包括潜在住房需求户的租用比例、申请住房后等待时间少于6个月的住户比例、住宅面积太拥挤的住户比例、正租住房屋中有1~2个多余房间的住户比例;④服务的可承受性,具体指标是房租占收入比例小于20%的住户比例;⑤租赁管理成本,包括每户的平均管理成本、房租欠款、市场可授受租金与实际征收房租之差;⑥资产管理成本,包括股本收益率、资产报酬率、维修保养成本与折旧费。

此外,随着部门职能、社会需求、技术进步以及评定内容的变化,部门预算支出绩效评定还应构建动态、可调整的绩效指标体系,根据现实情况的需要,及时增减绩效指标,通过实践不断对指标体系加以补充和完善。

参 考 文 献

[1] 张伟. 完善预算支出绩效评价体系研究 [D]. 北京: 财政部财政科学研究所, 2015.

[2] 关欣, 汪学怡, 倪城玲. 部门整体支出绩效评价工作思路初探 [J]. 水利财务与经济, 2016 (6): 46-49.

[3] 王海涛. 我国预算绩效管理改革研究 [D]. 北京: 财政部财政科学研究所, 2014.

第四章　部门整体支出绩效评价的基本内容

第一节　部门整体支出绩效评价的主体

绩效评价的主体是指绩效评价工作的具体组织者和实施者。按照现行规定，我国各级财政部门和预算部门或单位是绩效评价的主体。根据需要，绩效评价工作也可委托专家学者、中介机构等第三方实施。

一、财政部门

对财政资金的使用效率和效益开展绩效评价，就是对财政资金使用的综合效果进行评判，并通过绩效评价找出财政支出在决策和执行过程中存在的问题以及改进的方向。财政部门作为国家财政资金的筹集者和管理者，理所应当是开展财政支出绩效评价的实施部门，在整个绩效评价体系中具有不可替代的作用。财政部门作为绩效评价的主体，其主要职责包括：负责制定绩效评价的规章制度和业务培训，为开展绩效评价工作提供制度支持和人力保障；组织指导相关部门和单位开展绩效评价工作，对绩效评价工作开展情况进行监督检查；审核相关部门和单位拟定的绩效评价内容、绩效指标、评价方法及实施办法，要求及时提供绩效报告和绩效评价报告，对自评工作进行规范性审核；组织开展重点绩效评价及再评价工作，包括从宏观层面、部门层面、重大支出层面等实施重点评价或根据政策需要和财政工作重点，选择部分部门评价的项目进行再评价等。

二、预算部门

预算部门既是部门预算编制的主体，也是预算执行的主体。在实施预算绩效评价的过程中，预算部门同样是绩效评价的主体，参与预算绩效评价的全过程，对其财政资金的使用效益负责。在水利系统某单位部门整体支出绩效评价实践中，该单位以财资处为统筹部门，并聘请第三方中介机构参与具体评价过程，共同组建评价工作小组，完成遴选专家等工作。之所以将预算部门称作预算绩效评价的主体，一是因为由预算部门承担评价主体的职责，能强化预算部门的支出责任意识，充分调动其开展预算绩效管理工作的积极性，提高对资金使用效益的重视程度，从而使绩效管理工作的推进得到保障；二是因为预算部门有明确的自身职责、预算规划和绩效目标，对本部门工作的性质有着全面深入的了解；三是因为预算绩效评价涉及多个部门和多个项目，如果仅由财政部门来组织开展绩效评价工作，则力量上相对单薄，并且会因精力和职责有限而难以对每个部门、每个项目切实负起责任。预算部门作为绩效评价的主体，应当履行绩效评价的主体责任。

三、第三方评价机构

第三方评价机构的引入是我国预算绩效管理工作发展到一定阶段的产物，是适应我国绩效工作改革方向的举措。第三方评价机构涉及中介机构、专家学者库和社会公众等群体。在绩效评价中引入第三方评价，是对绩效评价工作的补充和完善。第三方评价机构可以凭借其专业优势，成为预算绩效管理活动中的重要参与者。

（一）第三方评价机构的产生和发展

第三方评价机构的概念来源于西方，一般来说第三方评价机构存在三种形式。一是非政府组织，非政府组织既不同于政府也不同于企业，是西方国家社会治理的一支重要力量。二是非营利组织，非营利组织的突出特点是不追究经济利益，是为了追求社会公平正义和某些方面的人类发展而自发形成的组织，如学校、环保组织、志愿者组织、慈善组织等。三是中介组织，中介组织依据一定的法律法规成立，提供特定的服务并收取费用，如会计师事务所、律师事务所等。随着绩效预算在西方国家的发展，与绩效预算管理有关的第三方评价机构也得到了充分发展。第三方评价机构已经成为西方国家政府绩效管理活动的重要参与方。美国的锡拉丘兹大学坎贝尔研究所就是其中最著名的一个，它每年对全美政府部门进行绩效评价，其评价结果受到美国政府和社会公众的普遍认同。

（二）第三方评价机构的特点

总的来说，第三方评价机构具有以下特点。

1. 多样性

第三方评价机构数量非常多、类型多种多样，组织本身的目标宗旨各不相同，不同类型的组织对政府进行不同方面的绩效评价，其评价指标也各不相同，从而使得评价活动具有多角度、多样性。

2. 独立性

独立性是第三方评价机构最为显著的特点。第三方评价机构不是隶属政府的附属机构，资金源于民间，其合法运作不受政府的干预。简而言之，第三方评价机构来自民间、面向民间、服务民间。第三方评价机构自律性很强，为提高评价结果的可信性，注意保持与被评价对象的距离。因此，第三方评价机构在政府绩效评价开展过程中，不会受到政府的政治压力，也不需要掩饰政府的错误，能够避开利益因素的干扰，更加自主地、客观地开展政府的评价活动，从而保证评价活动的公平、公正和客观，提升绩效评价的公信力。

3. 专业性

由专家、学者、专业人员组成的第三方评价机构具有人才和专业上的优势，技术力量雄厚，在评价方法的确定、评价指标的设计、评价数据的处理等方面有专业化技术，特别是一些研究机构和学术团体，在政府绩效评价的理论和方法等方面更具有专业优势，使得评价活动更具专业性和可信性，从而能有效解决财政部门、预算部门人力不足、专业领域局限等现实问题。

4. 民间性

第三方评价机构来自民间，与社会公众保持着紧密的联系，关注公众的满意度，并通过评价活动向政府反映民众的心声。还能将绩效评价工作置于更大范围的监督下，可以让"保密账"变成"明细账"，并进一步成为"民心账"，既能够回应社会对绩效公开的要求，也可保证财政资金运营的透明度，推进政府信息的公开。公众满意度调查是西方第三方评价机构评价的一项重要内容，例如，加拿大通信公司开展的民意调查，被调查的民众根据自己的实际感受对经济管理、卫生保健、教育、就业、国防和安全保护等12个方面做出满意度评价。在第三方评价机构评价活动中，基于民众满意度的调查问卷的公众参与程度非常高，评价能更好地反映真实绩效，评价结果受到政府和公众的普遍重视和支持。

（三）我国第三方评价机构参与预算绩效评价现状

根据第三方评价机构与政府部门的关系可以将预算绩效第三方评价分为委托第三方评价和独立第三方评价。委托第三方评价模式和独立第三方评价模式都属于外部绩效评价模式，其评价结果更易让社会公众信服。

我国首家第三方预算绩效评价机构是2004年设立的兰州大学中国地方政府绩效评价中心，该中心曾于2004年和2006年对甘肃省政府部门进行过绩效评价活动。兰州大学中国地方政府绩效评价中心对甘肃省政府部门的评价活动是在甘肃省政府的委托下进行的，属于典型的委托第三方绩效评价模式。

独立第三方评价模式则是指第三方评价机构不受被评价方的委托而进行的绩效评价活动，其典型代表是华南理工大学课题组对广东省地方政府的整体绩效评价。

为加强对第三方评价机构的管理，上海市于2011年制定了《上海市财政支出绩效评价聘用第三方评价机构管理暂行办法》，对第三方评价机构的行为进行了规范，随后其他省份和地区也制定了第三方评价机构参与绩效评价工作的相关办法。

（四）第三方评价机构面临的问题

外部绩效评价模式是预算绩效评价活动的重要组成部分，能够避免内部绩效评价活动的某些缺点和不足。但是，我国第三方绩效评价机构仍然面临着一些问题。

1. 法律制度缺失

我国目前并不存在与第三方绩效评价活动有关的专门法律法规。法律制度的缺失使第三方绩效评价活动的科学性、独立性、公正性得不到有效保障。对第三方独立评价没有太多的规范和保护，在实施绩效评价的过程中，很难协调与被评价的政府部门之间的关系。

2. 第三方评价机构欠缺独立性

一是第三方评价机构大多仍是事业单位等享受财政拨款的单位；二是受政府部门委托的第三方绩效评价机构与所评价的政府部门有着直接的利益关联；三是由于引入时间较短，第三方评价力量仍处于发展的初级阶段，自身还有许多不完善的地方，特别需要注意的是第三方评价机构仍需要政府的扶持，其自身的独立性不足。

3. 第三方评价机构对绩效评价的认知存在不足

目前开展绩效评价业务的第三方评价机构对绩效评价的认知还存在不足，对专业知识的掌握也不够全面，需要财政部门和预算部门的经验指导。

4. 第三方评价机构在信息获取方面存在障碍

存在障碍的原因是我国政府信息收集体系和共享体系不健全、我国在政府信息公开方面仍存在不足等，使得第三方介入绩效评价的难度加大。

（五）保障第三方评价机构发挥作用的途径

第三方评价机构是外部绩效评价的重要实现方式，并且第三方评价机构在绩效目标设定和审核方面可能更加专业。为使第三方评价机构在绩效目标体系设计和绩效评价活动中起到积极作用，应当从以下几个方面入手予以保障。

1. 完善法律制度

社会主义法治建设是制度建设的重要组成部分，依法治国要求有法可依、有法必依。应加强立法工作，使第三方评价机构参与绩效目标设定和绩效评价活动能够有法可依。

2. 增强独立性

第三方评价机构不仅仅要有一些高校、科研院所等享受国家财政拨款的事业单位，还需要有一些非营利性机构以及中介机构。要加强第三方评价机构与社会公众的沟通，使其绩效目标审核和绩效评价活动受到社会公众监督，对社会公众负责。

3. 完善政府信息获取渠道

一方面，政府信息收集与共享机制有待进一步完善；另一方面，要大力推动政府信息公开，使第三方评价机构能更好地进行绩效目标设定和绩效评价等相关活动。

综合来看，目前建立相对独立的第三方绩效评价体系还不具备条件，第三方评价机构尚不能成为独立的评价主体，还需要接受财政部门或预算部门的委托来开展工作，但需要明确的是，第三方评价的发展趋势不会改变，进一步加强第三方评价机构的相对独立性是今后工作的重点。

第二节　部门整体支出绩效评价的客体

部门整体支出绩效评价的客体是相对部门整体支出绩效评价主体来讲的，财政部门、预算部门以及第三方评价机构绩效评价的对象即是绩效评价的客体。

一、部门整体支出绩效评价的对象

一般来讲，部门整体支出绩效评价是针对纳入部门年度预算的所有支出的，财政支出和单位自筹资金都属于部门整体支出绩效评价的对象。此外，由于各类资金的性质存在差异，绩效评价在实施方法上会有所区分，也会根据工作的进展，逐步将各类资金全部纳入部门整体支出绩效评价的范围，从而提高部门整体支出绩效的全面性、科学性。

在确定纳入绩效评价的资金范围时应特别注意：部门整体支出绩效评价不是基本支出绩效评价和项目支出绩效评价的简单加总，而是针对部门实际情况以及各类资金的性质，构建科学的评价指标体系，探索更有效的综合绩效评价方法，强化对部门整体支出的跟踪和监督，不断提高部门整体财政支出的绩效水平，以提高部门提供的公共产品和公共服务的质量和效果。

二、部门整体支出绩效评价的主要内容

政府和各部门在微观方面要对绩效评价的内容做出界定，一旦评价内容确定后，开展绩效评价就需要有一个统一的评价规则，即评价的侧重方面，这也是绩效评价客体的重要组成部分。目前我国侧重对四个方面绩效的考察，分别是：经济绩效、社会绩效、生态绩效和可持续绩效。

（一）经济绩效

经济绩效是指对经济与资源分配以及资源利用有关效率的评价。具体到政府部门，经济绩效则是政府绩效的主要指标和外在表现，在整体预算绩效评价体系中发挥着基础性作用。政府部门引入绩效考核的初衷就是完善政府职能，提高政府财政资金的配置效率，而经济绩效正是对各项资源

利用效果的衡量。没有经济绩效，社会绩效和政治绩效就会缺乏物质基础和物质支撑，也不会长久持续发展。

（二）社会绩效

社会绩效是在经济发展基础上提出的，涵盖整个社会的全面进步，是社会稳定与持续发展的重要内涵。社会绩效是对整个经济运行大环境的绩效评价，一个安定的社会环境必然会促进政治的稳定和经济的发展。反之，当社会动荡无序时，政府就会出现混乱，经济的发展也会出现停滞。没有社会绩效，整个政府绩效就会失去社会基础；没有社会绩效，经济绩效就没有了存在的现实价值。

（三）生态绩效

生态绩效是指人们在生产中依据生态平衡规律，使自然界的生物系统对人类的生产、生活条件和环境条件产生的有益影响和有利效果，它关系到人类生存发展的根本利益和长远利益。生态绩效的基础是生态平衡和生态系统的良性、高效循环。将生态绩效作为部门整体支出绩效评价的主要内容，目的是规范、引导人类的生产与生活行为，以促进社会与经济同生态环境保护相协调的发展。评价在生态环境方面政府投入的可行性与价值，有利于提高财政资源配置的科学性、有效性，实现经济效益与社会效益的统一，获取最大的生态经济效益。

（四）可持续绩效

可持续绩效是指项目实施对相关方或事物带来的可持续影响，如节能改造类项目实施后对自然环境改观、减少环境污染的可持续绩效等。将可持续绩效作为部门整体支出绩效评价的主要内容，可以有效防止财政资金投入、项目实施中以牺牲后期的利益为代价来换取现在的发展，满足眼前利益的短期行为。开展可持续绩效评价，有利于促进社会效益、经济效益、环境效益均衡、可持续发展。

第三节　部门整体支出绩效评价方法的选择

一、部门整体支出绩效评价的方法

部门整体支出绩效评价应遵循全面考虑、重点突出的原则，结合基本支出与项目支出的不同特点采取多种评价方式，其中适用的评价方法主要包括成本效益分析法、比较法、因素分析法、最低成本法、公众评判法等。

(一) 成本效益分析法

成本效益分析法又称投入产出法，是指通过将项目的预算支出安排与预期效益进行对比分析，以评价绩效目标的实现程度的分析方法。这种评价方法最初被广泛应用于私人部门的支出管理，为提高私人部门的运行效率做出了巨大贡献，后来被应用于评价政府财政资金的运行效率。此方法可用于项目支出绩效评价。

在针对某一具体项目进行评价时，需要将项目总体预算支出的成本和收益进行计算。当收益大于成本时，该项预算支出净收益为正，预算支出具有正面的效益；当收益小于成本时，该项预算支出的净收益为负，预算支出具有负面的效益。成本效益分析法还可用于某项预算支出的各备选方案的比较。通过对各备选方案的成本和收益进行计算，得出每个方案的净收益，最终选取净收益最大或收益率最高的方案。通过成本效益分析法对某项预算支出的各备选方案进行筛选，可以有效地提高预算资金的支出效益。此外，在对相同类别的不同预算支出项目进行横向比较时，也可采用此方法，比较内容包括同地区或不同地区的比较。通过考核预算支出的绩效水平，可分析各地区和部门差异产生的原因，提出改进绩效的方法，从而促进预算资金使用效率的提升。

在运用成本效益分析法时应注意：①时间因素对现金流的影响，需将发生在若干年内的、与所分析项目或方案有关的"成本流"与"效益流"折算成现值；②在计算该项目或方案的成本和效益时，除应计算与支出项目直接相关的直接成本和效益、有形成本和效益外，还应适当考虑计算与支出项目间接相关的间接成本和效益、无形成本和效益等；③在公共部门中，成本效益分析法并不适合所有支出项目的评估，成本效益分析法最适合于成本和收益都能准确计量的项目评价，对于成本和收益无法用货币确切表示的项目计量则无能为力，特别是以社会效益为主要收益的支出项目不宜采用此方法。由于社会效益很难精确衡量，其中容易受到包括直接效益、间接效益、长期效益、短期效益、有形效益、无形效益等在内的多重因素的影响，而且很多指标无法具体量化，就会使成本和收益的估计出现偏差。

(二) 比较法

比较法是指通过绩效目标与预期实施效果、历史情况、不同部门和地区同类预算支出（项目）安排的比较，对项目进行评估的方法，包括横向比较、纵向比较、目标比较等方式。它是一种相对评价方法，其适用范围是当绝对评价标准难以确定或所使用的客观尺度不尽合理时，必须采取其他的相对方式来衡量项目的绩效。这种评价方式在操作上相对简便，省去了一些复杂的量化步骤，主要适用于财政项目资金管理等评价标准的确定较为复杂的项目。常用的比较法有排序法、一一对比法和强制分配法等。

排序法是对提供的备选方案按照绩效的优劣进行顺序排列的方法。这样的方法省略了一些无法确定量化的计量，设计和应用成本较低，对绩效评价部门的专业要求不高，因此在一定时期内得到了较大范围的应用。但是这种方法缺乏客观标准，会有太多的主观因素影响各主管部门的决定，进而造成评价结果的随意性，不易对预算提出整改意见。

一一对比法是在排序法基础上对其缺陷进行完善后提出的方法。它是将所有的备选方案进行一对一的比较，比排序法整体排列更具有说服力。但是这种方法依然没有提出客观的评价标准，并且工作量大大增加。

强制分配法相比于前面两种方法加入了更多的定量因素。这个方法根据正态分布规律，将评价对象强制划分为若干等级，在比例上具有相对固定性。这种方法对技术人员提出了较高要求，要求收集大量数据进行分析考察以确定等级的具体分布，要求对评价指标的确定制定合理标准，实施成本相对会提高，比较适用于整个绩效评价体系较为完善的地区和部门。

(三) 因素分析法

因素分析法是利用统计指数体系分析现象总变动中各个因素影响程度的一种统计分析方法。它通过综合分析影响项目绩效目标实现、结果和成本、实施效果的内外因素，对项目进行评估。部门整体支出绩效评价因素分析法是指将影响部门投入和产出的各项因素罗列出来进行分析，计算投入产出比以进行评价的方法。很多公共项目都可以用到因素分析法，通过不同因素的权重评比，进行综合评分，最终确定项目的效率性和效益性。采用此种方法的关键在于权重的分配，即如何通过合理配比使得整个评价过程客观全面，并且符合不同项目的实施特点。

因素分析法中常用的两种方法有连环替代法和差额分析法。连环替代法是将分析指标分解为各个可以计量的因素，并根据各个因素之间的依存关系，顺次用各因素的比较值（通常即实际值）替代基准值（通常为标准值或计划值），据以测定各因素对分析指标影响的方法。差额分析法是连环替代法的一种简化形式，是利用各个因素的比较值与基准值之间的差额，来计算各因素对分析指标影响的方法。此方法侧重用于评价项目支出，也可用于评价基本支出。

（四） 最低成本法

最低成本法也称最低费用选择法，是指对预期效益不易计量的项目，通过综合分析测算其最低实施成本，对项目进行评估的方法。它是对成本效益分析法的补充。这种方法适用于某些成本易于计算而效益不易计量的财政支出项目，如社会保障支出项目。在对财政支出方案进行经济分析时，该方法只计算项目的有形成本，在效益既定的条件下分析其成本费用的高低，以成本最低为原则来确定最终的支出项目。实施最低成本法，首先要根据政府的绩效目标，提出多个备选方案以供参考；其次需分别计算各方案的有形成本，计算过程中若出现多年连续安排支出的项目，要把各年的现金流统一折算为现值，以保证备选方案的可比性；最后按照成本的高低进行排序，在目标既定的情况下，选择成本最低的方案。

最低成本法最主要的特点就是，在衡量财政支出项目的社会效益时，不采用货币单位进行计量，而只着眼于项目的有形成本。这就避免了成本效益分析法对某些项目成本无法量化的问题；同时此种方案规避了对效益的衡量，为某些难以计量效益的项目提供了评价方法。例如，对于一些以社会效益为主要目标的支出项目，如国防支出、社保支出等，其收益很难衡量，但是成本易于计算。在对这类效益衡量存在困难的项目开展预算决策分析时，单纯计算该项目支出的有形成本，之后选择成本最低的作为最优支出项目即可。这种方法简单易用，缩小了考核部门的工作量，体现了绩效评价指标设定的经济性和可监督性原则，为以实现社会效益为目标的项目提供了一个现实可行的绩效考核方法。

公共部门主要提供公共产品和服务，与追求经济效益最大化的企业组织存在一定的区别，它需要顾及整个社会的效益。因此在使用成本最小化原则的同时，也需要明确不同绩效评价对象的产出和结果，并适当选取其他方式与最低成本法互相补充，进行综合性的绩效评价。

（五）公众评判法

公众评判法是指通过专家评估、公众问卷（满意度调查）及抽样调查等对财政支出效果进行预判打分，并根据分值预判绩效目标实现程度的方法。此方法适用于无法直接用指标计量其效果的支出。公众评判法中有一个常用的方法——专家评价法，即评价机构选择并组织绩效评价管理专家、财政财务专家、项目管理专家、业务专家，在对项目情况进行充分了解和对项目资料深入研究的基础上，凭借其丰富的业务经验对项目的决策、组织管理和绩效等情况进行评价。

与其他评价方法相比，公众评判法具有民主性、公开性的特点。它大范围地吸收了社会力量的参与，使整个绩效评价过程较为充分地表达了社会公众的诉求，同时也保证了实施过程的透明度。这种评价方法具有公开性的特点，适用于对公共部门和财政投资兴建的公共设施进行评价，但需注意设计好相应的评估方式和调查问卷并有效选择被调查的人群。

绩效评价方法的比较如表4-1所示。

表4-1 绩效评价方法的比较

评价方法	优点	局限性	适用范围
成本效益分析法	计算过程简便、客观	对于成本和收益无法用货币确切表示的项目计量无能为力	适用于成本和收益都能准确计量的项目
比较法	操作简单，减少计量工作量	缺乏客观标准，会有太多主观因素影响各主管部门的决定，造成评价结果的随意性	适用于绝对评价标准难以确定或所使用的客观尺度不尽合理的项目
因素分析法	较为客观、科学程度较高；易于发现起决定作用的主要因素	因素的分解及权重的确定仍无法摆脱主观判断	—
最低成本法	成本易于计量，减少评价工作量	只能遵循成本最小化原则，无法兼顾效益最大化原则	适用于某些成本易于计算而效益不易计量的财政支出项目
公众评判法	民主性、公开性	评估方式的选择、调查问卷的设计、被调查人群的选择等都会影响评价结果	适用于无法直接用指标计量其效果的支出

(六) 水利系统某单位部门整体支出绩效评价方法的探索

水利系统某单位在进行部门整体支出绩效评价试点单位的绩效评价中，还探索了以下评价方法。

1. 等级分层评价法

等级分层评价法针对难以量化分析的绩效指标，通过对评价要点的细化、分层，按照设定好的层级对目标进行合理评价分析。该方法一般配合定性指标使用。

2. 折扣线性规则法

折扣线性规则法针对评价内容得分与工作完成程度呈现同比例速率变化趋势的评价内容。该部分内容可采用此方法予以打分。

3. 0-1 判断法

在进行指标评价时，当其结论为"是"与"非"、"有"与"无"等绝对对立的两种结论时，虽然两者程度相差较大，但确实难以通过等级分层等方式进行细化，可采用 0-1 判断法。

4. 关键因素分析法

关键因素分析法提取评价指标的关键因素，重点对这些关键因素进行评价。此方法重点在于对关键因素的把握，不强求考虑因素的全面性。

二、部门整体支出绩效评价方法的选择依据

对评价方法的选择需参照一定的客观依据。部门整体支出绩效评价方法的选择要立足于部门整体支出绩效评价目的，需要厘清部门职能，明确职责分工，高度遵从部门预算管理要求，并以此为据。绩效评价方法的选择依据主要包括以下四个方面。

(一) 突出目标管理导向性

应以目标管理为引领来判定决策是否科学、有效、充分，目标定位是否合理。部门整体支出绩效评价的要点，在于根据部门整体支出的投入和产出具体情况，包括人力、物力、财力等投入和经济效益、社会效益、生态效益等产出，进而来评估部门的履职情况，进一步加强部门整体支出预算科学化、精细化管理，提高预算资金分配决策的科学性、有效性、充

分性。

（二）依据部门职能分工

部门是否根据自身职能，结合国家相关政策制度，合理安排部门年度任务并依照部门职能分工结合年度主要任务加以分解，在确保部门年度总体目标合理和年度绩效指标明确的基础上，细化基本政策预算编制标准。

（三）符合预算编制管理要求

部门整体支出绩效评价方法的选择应严格执行各项经费管理制度、资金使用方式及开支标准，并采取有效措施严控行政运行成本。部门整体支出是否满足部门预算编制相关要求主要体现在编制依据、支出方式与方法、相关资产管理等细节安排是否规范。

（四）突出结果的导向性

部门整体支出预算产出效果呈现出怎样的可持续性和时效性与评估方法的选择有密切关系。因为部门有些项目的效益可能立即体现，也可能滞后体现，可能当期体现，也可能跨期体现，这是对绩效时效性的判断。并且，对绩效可持续性的判断也是评判部门整体支出是否合理的重要内容。因此，对部门整体支出绩效评价方法的选择，要突出结果的导向性。

参 考 文 献

[1] 杨长利. 公共基础设施支出绩效评价研究 [D]. 大连：东北财经大学，2012.

[2] 李海南. 我国预算绩效管理问题研究 [D]. 大连：东北财经大学，2014.

[3] 董振海. 在我国推行绩效预算的理论与实践思考 [D]. 北京：财政部财政科学研究所，2010.

[4] 宋来忠. 预算绩效评价体系中预算支出绩效的评价方法 [J]. 教育财会研究，2008 (2)：12-15.

第五章　部门整体支出事前绩效评估机制

现行财政支出绩效评价多停留在强化财政资金管理和资金分配上，与事后评价相比，事前评估有利于把握财政资金使用方向的正确性，能够更大范围地减少投资失误，使财政支出决策更加合理、更加科学，财政资金的使用效率进一步提升。由事后评价转向事前评估，还可从预算和民主两类监督的层面，对财政支出的可行性、必要性和风险性予以论证。事前评估是探索"参与式预算"的最佳手段，通过事前评估对财政支出预期效益和绩效目标的论证，可在预算过程的最前端对财政资金效益进行有效控制。

《中共中央　国务院关于全面实施预算绩效管理的意见》（中发〔2018〕34号）中明确提出，"建立绩效评估机制"是建立全过程预算绩效管理链条的起点，并要求"各部门各单位要结合预算评审、项目审批等，对新出台重大政策、项目开展事前绩效评估，重点论证立项必要性、投入经济性、绩效目标合理性、实施方案可行性、筹资合规性等，投资主管部门要加强基建投资绩效评估，评估结果作为申请预算的必备要件。各级财政部门要加强新增重大政策和项目预算审核，必要时可以组织第三方机构独立开展绩效评估，审核和评估结果作为预算安排的重要参考依据"。

开展部门整体支出事前绩效评估，既能提高决策的合理性、规范性、科学性，还可作为部门整体支出绩效评价中对绩效目标评价工作的重要参考，也能丰富评价指标体系的维度与内容。

第一节 部门整体支出事前绩效评估的基本要素

一、基本概念的界定

对于预算绩效管理来说，首先需要关注的一个非常关键性的问题是：公共部门利用宝贵的财政资金是否在"做正确的事"。事前绩效评估通过将预算绩效管理由事后引入事前，对公共部门是否设定了明确的战略目标、预算编制是否符合战略需求、部门实施方案是否健全可行、部门实施方案可否保障部门绩效目标如期实现、财政资金投入是否存在潜在风险等内容进行评估，帮助公共部门科学编制部门预算、合理设置绩效目标、不断完善实施方案，以促进公共部门通过科学的决策、合理的目标、完善的制度以及规范的管理，将稀缺而宝贵的财政资源用于"做正确的事"，并能通过"正确地做事"以及良好社会经济效益的取得，帮助公共部门实现向"负责任地做事"模式转变。

结合部门整体支出绩效评价以及事前绩效评估的相关概念，部门整体支出事前绩效评估可定义为："财政部门和预算部门（单位）根据设定的战略目标、事业发展规划，运用科学、合理的绩效评估指标、评估标准和评估方法，对预算部门（单位）整体支出的绩效目标设置、部门职能履行计划、预算资金配置、预期产出与效果、预算管理水平及财政投入风险等，在预算编制与审查阶段进行客观、公正的评估。"

二、事前评估的范围和内容

基本支出和项目支出是部门整体支出事前评估的两大评估对象。对于基本支出，部门整体支出事前评估的重点是厉行节约、保障运转、降低行政成本；对于项目支出，部门整体支出事前评估的重点是规范管理、促进发展、提高资金决策及使用效益。

因为基本支出实行定员定额管理，易于控制，所以对于基本支出宜采取由预算部门据实申报，财政部门进行核实并严控三公经费的形式进行评估。在部门整体支出事前绩效评估中，其评估还应围绕项目开展，重点评估资金额度偏大、属于部门核心职能、具有明显社会效益与影响的项目，如民生类、城市管理服务和城市建设类等社会关注度较高、金额较大或年度新增的重大政策及项目。

三、事前评估的主体

部门整体支出事前绩效评估的责任主体同样分为两部分。一是财政部门，财政部门负责拟定评估的规章制度、技术规范和实施规范，确定参与评估的部门，组织实施评估，根据评估结果安排下一年度预算，并提出改进部门预算管理的意见。二是各预算单位，各预算单位负责落实部门事前评估工作，配合财政部门和评价机构完成评估工作，根据事前评估意见完善预算管理，提高预算编制水平。

第二节 事前评估的重点和难点

部门整体支出事前绩效评估涉及面更广，需要的基础性条件更多，在无形中评估的难度增加了，使评估中需要面对的重点与难点也更多了。评估需要重点关注的领域有：部门战略规划与预算编制的一致性，绩效目标设置与部门职能的匹配性以及属于评估难点的评估方向的确定、评估指标体系的设定、评估结果的应用。

一、部门战略规划与预算编制的一致性

战略是筹划和指导发展的总体方略和顶层设计，是保障既定目标达成的方针及政策的集合。在部门履职的过程中，对部门职责予以清晰界定，构建全面、统一、完整的部门发展战略，可为各部门职能的顺利履行及战略规划的顺利落实指明发展路径、引领发展方向。

战略虽然极为重要，但只有融入预算才能发挥有效作用。高效的公共财政管理要求预算资金配置必须充分反映部门的战略需求，必须与部门的战略目标保持高度一致。由此，对于部门职责的履行、部门战略规划的落

实来说，预算资金的配置是否与部门战略目标及优先方向一致，部门战略规划能否得到预算资金的充分支持，就成了决定部门战略能否实现、部门职能能否得到履行的关键。

依据部门战略目标来确定预算资金的配置规模和配置结构，增强部门战略对预算资金配置的引导作用，充分调动各部门资金配置的积极性，优化财政资金配置结构，就成为联结战略与预算，确保战略目标顺利达成，以及提高财政支出绩效的关键。部门战略规划与预算编制的一致性，也因此成为部门整体支出绩效事前评估中需要重点关注的领域。

二、绩效目标设置与部门职能的匹配性

绩效目标是编制部门预算、实施绩效监控、开展事前绩效评估等的重要基础和依据，是引导部门活动优先序安排、预算资金配置的基础，同时，也是建设项目库、实施绩效监控、开展绩效评价的保障。然而，在实践中部门绩效目标设定相对完整与准确的极为少见，绝大多数绩效目标都存在目标界定不清晰，与部门履职的相关度偏低，目标设定或过于宏观，或过于微观，不利于绩效管理与评价等问题。

目标设定过于宏观是指部门绩效目标存在典型的多无特征。例如，某医疗部门将其绩效目标设定为"改善患者就医环境，促进医疗水平发展，提高医院综合医疗能力"。这样的绩效目标既无项目特色，也无部门特征和时效特点；既可以适用于部门整体，也可以适用于部门项目；既可以适用于本地医疗机构，也可以适用于外地医疗机构；既可以适用于过去时段，也可以适用于未来年度；既不具有保障部门决策与国家发展战略和公共政策相一致的指导意义，也无约束部门资金按政策优先方向配置的实际功能。这样的绩效目标看似没有错误，实质却有很多坏处。绩效目标的不明确、不清晰，会导致部门活动的安排与部门职能不匹配、实施方案不科学、管控措施不严密、资金安排不合理，使稀缺而宝贵的财政资金面临一定的投入风险，既不能很好地匹配部门战略与政策优先方向的实施，也无法带来良好的产出与结果。

目标设定过于微观则是指部门在设定绩效目标时，简单地将部门主要项目的绩效目标汇集起来，或者把项目绩效目标简单地量化后叠加起来，

以此替代部门整体绩效目标。以这样的方式编制的部门绩效目标过于分散和零碎，无法涵盖和体现部门的整体职能，使部门职能无法得到预算资金的全面保障，部分部门职能难以得到有效履行。

因此，提高绩效目标编制要求，强化绩效目标设置与部门职能之间的匹配性，就成为开展部门整体支出事前绩效评估必须予以重视和解决的重点问题。

三、评估方向的确定与评估目标的一致性

部门整体支出事前绩效评估是对部门整体支出进行的覆盖面更广、评价层级更高、启动时间更早的绩效评估，其内容除项目支出外，还涉及预算部门（单位）的人员经费、公用经费等基本支出，评估的层面较为复杂、评估的内容涉及面较为广泛。

由此，在时间限制较为严格、人员经费较为有限的情况下，如何在评估过程中既能保证评估内容的全面覆盖，又能实现重点内容的突出与保障，也是部门整体支出事前绩效评估需要考虑的一个重点和难点问题。

四、评估指标体系的设计更为严密

虽然参与整体支出事前绩效评估的都是政府预算部门（单位），但由于不同的政府部门在决策权限、管理权限以及产出效益等方面存在较大的差异，所以很难用统一的指标体系予以衡量。这也就要求在评估时，应根据不同的评估对象制定多样化的评估指标体系。

此外，评估指标体系中的效益指标如何确定也是一项难题。要想全面科学地对政府部门的预算支出绩效进行评估，就应该以量化为基础。然而，作为公共管理部门的政府，其工作通常不以经济效益为追求的核心，其社会效益更多是基于社会稳定、民生服务的角度来思考的，相应地，其效益指标也应以社会层面为主。其服务对象是最广大的社会公众，而为社会公众提供的公共服务和公共产品通常情况下是无法用量化指标来衡量的，这样就给政府部门整体支出绩效评估指标的确定带来了一定的困难。

由此，部门整体支出绩效目标的设定成为事前绩效评估中的较为突出的难点问题，同时，也成为绩效评估时的审查难点。

五、评估成果的应用

开展绩效评价的目的是希望通过对预算资金的支出决策、管理过程、资金使用结果进行全方位评判，考察公共部门绩效目标的实现程度以及预算执行结果，从评价结果中发现公共部门在预算资金决策和使用中存在的问题，揭示导致问题产生的缘由，并通过将评价结果信息反馈给相关部门，促进部门规范预算支出行为、改进预算支出决策、优化预算资金配置，进而提升公共服务水平。由此可见，开展绩效评价本身并不是目的，而借此督促公共部门提高公共服务质量、增强部门施政责任，才是开展绩效评价的最终目的。

然而，在当前各级各地开展的绩效管理与评价的实践中，很多部门对绩效评价过程的重视远超出对评价结果应用的重视，开展绩效评价大多只是为了得出一个结论、给出一个分数。这种评价模式错误地以手段替代了目标，使经过大量评价工作得出的结论与意见往往只是停留在书面阶段，极少得到实际应用，往年评价中多次提及的问题在后续年度中依然出现，预算资金配置质量不高的现象屡见不鲜，使绩效评价工作成了"形象工程"，其意义和价值也大打折扣。

由此，如何进一步明确绩效评价的目的，强化绩效评价结果应用，让绩效评价结果在规范预算支出行为、改进预算支出决策、优化预算资金配置中发挥更大作用，还需要各方共同努力。

第三节　事前评估重点和难点的解决途径

针对部门整体支出事前绩效评估应关注的重点领域以及可能会遇到的困难领域，还应从保持战略规划与预算决策的一致性、建立分级目标管理体系、确定评估重点及优先序、确定评估指标体系、强化评估结果的应用等方面加强评估工作，以保障部门整体支出事前评估的顺利开展。

一、保持战略规划与预算决策的一致性

战略的实施离不开预算资金的支持与保障。不论是部门职能的履行，还是项目的落实，都需要预算资金的大力扶持。有鉴于此，部门战略能否及时经由预算转变为具体的行动方案和资金安排，部门履职能否得到预算资金的有效支持，在一定程度上就成了决定部门发展战略能否顺利实现的极为重要的关键因素。

但当前在这一领域，还存在着较为突出的问题，很多部门战略重心和部门履职重点并未得到预算资金的有效支持，其原因就在于当前的预算编制模式不支持预算与战略的衔接。当前，我国的部门预算实行的是自下而上的编制模式——"两上两下"，预算由基层单位提出，基层单位在编制预算时考虑更多的是本单位的利益，至于本单位的预算如何与部门总体战略相衔接、如何保障部门整体战略目标的实现等问题，并不在基层单位的考虑范围之内。这种自下而上的预算模式，显然无法支撑部门整体战略规划的实现，同时还使大量稀缺的预算资金被长期滞留在效益低下的部门。这种长期固化的支出模式抬高了公共服务成本，降低了公共服务质量，使财政资金的使用效益受到严重影响。

由此，从政府预算过程管理的角度来看，还应改变政府预算的编制程序，实行总额控制，即在基层单位提出预算申请前，由部门在预算控制总额内，依据统一的战略目标和政策方向确定预算支出的优先性排序，并确定各个单位的支出限额。这样不仅可以保障预算决策对战略的支撑，同时还可以激活预算资金的配置，促使稀缺的预算资金从优先级别较低的领域流向级别较高的领域，打破支出固化的局面，提高预算资金的配置效率。

而从部门整体支出绩效评价的角度来说，则要强化对部门预算编制与战略目标匹配性的审查，同时还要加强对部门项目库的审查。项目库是预算绩效管理的一项重要制度，是对部门预算支出进行规范化、程序化管理的一个良好体系，也是保障部门战略能够得到预算资金充分支持与保障的良好手段。项目库应包含当前年度和未来几个年度内的所有支出项目。入库项目的设置须科学规范，能够集中反映部门的战略与主要

职责，应突出重点，聚焦部门的重大改革、重要政策和重点项目，同时还应避免交叉重复。项目库备选项目的选取应由部门依照发展战略、政策优先方向、部门的职能以及部门长期工作和年度工作的重点提出，再依据战略目标的优先顺序和轻重缓急，结合部门相关年度财政资金的情况，经过筛选而定。

在部门整体支出事前绩效评估中引入项目库评审制度，可有效增强预算资金安排的前瞻性以及预算资金对部门战略实现的支撑度。

二、建立分级目标管理体系

在部门整体支出事前绩效评估中，应将决定绩效目标的部门职责、工作活动和部门项目严格区分开来，建立部门职责、工作活动和部门项目分级管理机制，即在部门编制预算前先梳理出各部门职责，在各项职责下分解出各部门的工作活动，在工作活动框架下设置具体的部门项目。

各部门的工作活动须与部门职责严格一致，部门项目的设置须与工作活动高度相关，由此层层推进，使预算管理结构由"扁平单一"转变为"部门职责—工作活动—部门项目"三个层级。

在建立绩效目标体系时，可根据"部门职责—工作活动—部门项目"三个层级的设置，分别制定相应的绩效目标。这种将部门职责、工作活动和部门项目区分开来，建立部门职责、工作活动、部门项目分级管理，部门职责、工作活动、部门项目绩效目标分别设置的管理模式，可有效避免当前部门整体支出绩效目标设置层级不清，内涵和外延不一致，既有交叉重复之处也有缺失遗漏之处的问题，可有效促进重点突出、层级分明、覆盖全面、互不重合的部门整体支出绩效目标管理体系的构建。

由此，在部门整体支出事前绩效评估中，评估方的一项非常重要的任务就是帮助被评估部门构建起这样一套完整的分级绩效目标管理体系，以科学、合理、规范的绩效目标引导部门厘清思路、明晰目标，将工作职责和工作任务及时转化为结果目标，以利于部门职责的履行、服务绩效的提升。

三、分清主次，确定评估重点及优先序

事前绩效评估内容的确定是部门整体支出事前绩效评估的关键。与项目评估相比，部门整体支出事前绩效评估的内容更多，工作量更大，要在一定时效内保质保量地完成评估工作，首先应确定评估重点，明确评估优先序。

（一）明确部门整体支出事前绩效评估的重点内容

部门整体支出事前绩效评估是从财政资金的角度，对部门工作开展进行的最为全面的考核和监督，其评估对象主要为基本支出和项目支出。鉴于政府部门的基本支出实行定员定额管理，部门整体支出事前绩效评估应以项目支出为主，以基本支出为辅，重点评估一定金额以上、与本部门职能密切相关、具有明显社会影响和经济影响的项目，如社会关注度较高、金额较大或年度新增的项目和重大政策。

（二）明确部门整体支出事前绩效评估的优先序

在对部门整体支出进行事前绩效评估时，应首先评估部门职责、部门整体支出绩效目标与政府工作部署的匹配性，特别是与各级政府重大决策部署的关联性；其次，评估各项工作活动绩效目标的科学性；再次，评估预算项目与工作活动的关联性、立项的必要性；最后，确定各级工作活动及项目的预算额度。

此外，在开展部门整体支出事前绩效评估时，还应明确评价的范围是仅限于本级还是扩展至下级单位。目前，部门整体支出事前绩效评估还处在启动阶段，为获得部门的理解和支持，保障评估工作顺利开展，建议先开展对预算部门（单位）本级的整体支出事前绩效评估，然后在取得经验和实效的基础上再根据工作需要拓展评估的内容和范围。

对基本支出事前绩效进行评估，应主要查看预算部门（单位）基础信息是否准确，公用经费编制是否合规。由此，对于部门人员经费、公用经费等的评估，宜采取由预算部门（单位）据实申报，财政部门进行核实的方式进行。对于公用经费则应以厉行节约、保障运转、降低行政成本、严控"三公"经费为原则进行评估，但对于公用经费中的网络运维经费等要予以重点关注。

四、合理确定评估指标体系，提高评估的全面性与科学性

在构建部门整体支出事前绩效评估指标体系时，同样应把指标体系划分为共性指标与个性指标两部分。共性指标因差别不大，所以可以借鉴地方部门整体支出事后绩效评价相关指标以及财政部在2013年发布的《部门整体支出绩效评价共性指标体系框架》，以部门决策和部门管理为核心进行确定。在决策过程、目标设定、资金分配等领域，考核部门决策依据是否充分、部门决策程序是否规范，部门整体绩效目标设立是否符合客观实际、指标是否细化量化，部门预算编制是否合理、重点支出是否得到有效保障；在预算执行、预算管理、资产管理等领域考核部门公用经费是否能够得到有效控制，内控制度建设是否健全规范，部门预决算信息及"三公"经费公开制度是否全面，资产管理及固定资产利用是否有效。

个性化指标主要体现在产出与结果部分，应按照不同部门所处领域不同、职能属性不同，分别制定具有部门特征的个性化指标。对于具有政策制定权限的部门，要在产出和结果指标中增加针对政策拟定和执行结果的指标；对于以执行政策为主的部门，应主要评估其政策的落实和实施效果；对于以保障公共产品和服务供给为主的部门，可最大限度地弱化其经济效益指标，主要考核其公共产品或服务供给的程度和深度；对于具有一定经济管理权限的部门，则要适当增加政策制定与执行对经济社会发展的促进及影响程度的指标。

五、强化评估结果的应用

加强事前绩效评估结果的应用，将评估结果作为调整支出结构、完善财政政策和科学安排预算的重要依据非常必要。

强化事前评估，将绩效评估的结果直接运用于预算决策之中，能将一些存在于决策阶段的问题消灭于萌芽状态或提前予以改善，保障部门预算决策改进、预算安排优化、施政责任增强。并且事前评估更能体现资金拨付与资金使用效果挂钩的正向激励的原则。评估结果为"优"的部门，可优先获得财政资金支持。评估结果为"良"的部门，在获得财政资金支持的同时，需要根据评估意见进一步修改和完善部门整体支出绩效实施方

案。评估结果为"中"的部门,应依照评估意见对部门决策、绩效目标、实施方案、预算编制等方面内容进行修改和完善,经有关部门审核通过后方可获得财政资金支持。评估结果为"差"的部门,应依照评估意见重新拟定部门整体支出绩效实施方案,经再次审核通过后方可获得财政资金支持。

参 考 文 献

童伟,田雅琼. 部门整体支出事前绩效评估方法及路径探讨[J]. 地方财政研究,2018(1):32-38.

第六章 部门整体支出绩效目标管理

简单来说,绩效目标就是预期的产出或者效果,它在部门整体支出绩效评价过程中非常重要。第一,科学的绩效目标是合理编制预算的前提条件,《中共中央 国务院关于全面实施预算绩效管理的意见》(中发〔2018〕34号)明确要求"各级财政部门要将绩效目标设置作为预算安排的前置条件,加强绩效目标审核,将绩效目标与预算同步批复下达"。第二,绩效目标是绩效评价流程中实施绩效监控的对象。第三,绩效目标是在预算执行结束以后实施事后绩效评价的依据。因此,要加强以绩效目标为对象的绩效目标管理。其主要环节包括:设定绩效目标、审核绩效目标、批复绩效目标。

第一节 部门整体支出绩效目标的设定

一、部门整体支出绩效目标的主要内容及作用

一个完整的绩效目标应当包括两方面的基本要素,一是基本内容要素,二是绩效指标要素。基本内容要素用来说明绩效目标包括哪些内容,反映绩效目标的基本构成要件;绩效指标要素属于对绩效目标的分解,可以理解为细化和量化的绩效目标,是围绕衡量与考核绩效目标而设置的。

（一）基本内容要素

基本内容要素主要包括：预期产出，即提供公共产品和服务的数量及水平；预期效果，即经济效益、社会效益、环境效益和可持续影响等；服务对象或项目受益人满意程度，即是否提供了满意的服务；达到预期产出所需要的成本资源和详细活动，即预算安排情况；衡量预期产出、预期效果和服务对象满意程度的绩效指标；按照正常条件能够达到的绩效标准等。

（二）绩效指标要素

《中共中央 国务院关于全面实施预算绩效管理的意见》（中发〔2018〕34号）指出，绩效目标不仅要包括产出、成本，还要包括经济效益、社会效益、生态效益、可持续影响和服务对象满意度等绩效指标。绩效指标是用以确定达到预期目标程度的一个参照值，表示绩效状态的运行信息。绩效指标要素一般包括产出指标和效益指标，是对绩效目标数量和质量情况的反映。

产出指标反映既定目标计划完成的产品和服务情况，可细化为数量指标、质量指标、时效指标和成本指标。其中，数量指标用来反映计划完成的产品或服务数量；质量指标用来反映计划提供产品或服务达到的标准、水平和效果；时效指标用来反映计划提供产品或服务的及时程度和效率情况；成本指标用来反映计划提供产品或服务所需的成本，又分为总成本和单位成本。

效益指标是反映与既定绩效目标相关的财政支出预期结果的实现程度和影响，可细化为经济效益、社会效益、生态效益、可持续影响以及服务对象满意度等。其中，经济效益指标用来反映财政支出对经济发展带来的影响和效果；社会效益指标用来反映财政支出对社会发展带来的影响和效果；环境效益指标用来反映财政支出对自然环境带来的影响和效果；可持续影响指标用来反映财政支出带来影响的可持续期限等。

（三）设定绩效目标的作用

设定绩效目标的主要作用：一是作为编制预算的依据，二是作为纳入预算的根据。按照"谁使用资金，谁申报目标"的原则，由申请使用财政性资金的部门（单位）申报财政支出绩效目标。预算部门（单位）在编制下一年度预算时，应根据要求，准确填写绩效目标，合理选择绩效指标，科学设置指标内容和指标值，做到"指向明确、具体细化、合理可行"，并按规定程序和时间报送绩效目标。

二、部门整体支出绩效目标的编制要求

与基本支出和项目支出相比，部门整体支出更为综合和复杂，其绩效目标的编制要求也更高。因此，绩效目标的编制应当科学规范，符合以下要求。

（一）目标依据充分

部门在编制绩效目标时，主要参考的依据有：国家相关法律法规、国民经济和社会发展总体规划、部门制定的中长期实施规划、部门的年度工作计划或项目规划、部门"三定"方案确定的职责、财政部门年度预算编制要求、部门预期可获得的预算资金规模、相关历史数据和行业标准以及其他符合财政部门要求的相关依据等。绩效目标要与国民经济和社会发展规划、部门职能及事业发展计划保持一致，不能背离战略规划确定的任务和总体目标，并反映相应的财政支出范围、方向及其产出、效果等，使目标有明确的绩效范围。

（二）目标指向明确

相对于私人部门，公共部门的目标具有更大的模糊性。一些支出部门的法定职能非常抽象，难以明确地"转换"成清晰的绩效目标，只能以主观的定性描述方式来阐述绩效目标。部门在难以找到客观的、量化的效果指标来表征绩效目标时，往往用工作负荷或产出指标来替代，尤其是用介于产出指标和结果指标之间的"中间结果"指标替代"最终结果"指标。因此，编制绩效目标要指向明确、清晰、可衡量，且在表述上准确、无歧义，以使预算执行单位和预算绩效审核单位都对预算绩效目标有着准确且不存在差别的理解。

（三）目标具体细化

绩效目标应进一步细化为具体内容，不能大而化之、笼统概之，要从数量、质量、成本和时效等方面进行反映与细化，同时，尽量采取定量表述的形式描述目标。对于确实难以量化的，可通过与历史年度对比（纵向对比）、与相关部门的情况对比（横向对比）、与部门应当实现的目标对比

等方式，以定性分级分档等形式予以表述，使目标有细化的绩效内容。

（四）目标兼具重要性和综合性

有些部门职能较多，财政支出规模大、范围广，把所有与财政支出相关的指标全部列入绩效目标显然是不现实的。这就要求在绩效目标设定时，应充分把握重要性和综合性的原则。对于整体工作的反映，尽量采用综合性指标；对于具体工作的反映，则尽量采用比较有代表性的重要指标。以科技部门为例，绩效目标设定不必面面俱到，抓住工作重点才能事半功倍，应减少过于具体尤其是单个项目的绩效情况，更多地利用一些综合性指标来评价部门整体工作。例如，科技进步贡献率、高新技术企业增加值、技术交易增加值、科技成果转化率等综合性指标就与财政科技资金支出有较大的相关性，可被用来考核其经济效益；科技相关发展规划中提出的一些综合性目标，通过细化也可转变为年度工作目标，被用来考核科技部门的整体工作。

（五）其他注意事项

在选择绩效目标时，还应主要考虑以下因素。一是充分认识基础数据的重要性。由于绩效目标往往是对基础数据的适当改进，所以做好基础数据整理完善工作的必要性不容小觑。二是绩效目标要与给定期间的可支配资源相联系。根据给定资源量的变化，可以相应调整绩效目标。三是避免部门（单位）将绩效目标设置过低或过高，避免通过修改绩效目标来适应实际执行情况。绩效目标设置过低，将影响预算资金的安排；绩效目标设置过高，则影响绩效评价的效果。

三、部门整体支出绩效目标的编制难点

（一）公共部门目标的不确定性

与私人部门相比，公共部门的目标显然是不确定的。如果用公共利益最大化作为公共部门的目标，那么公共利益又如何界定呢？公共部门目标的不确定性可表述为，当用部门目标来描述部门的未来状态时，部门目标或目标集可被解释的余地很大。反过来讲，如果一个部门的目标没有太大的解释余地，则该部门的目标就是比较确定的。例如，利润最大化是私营企业的目标，这一目标基本上没有解释的余地，这说明私营企业的目标是

明确的;而国有企业虽然也追求利润,但也担负着一定的社会功能,它的目标就存在着一定的解释余地,因此国有企业的目标是相对不确定的。公共部门不仅没有利润这一目标,而且即使把弥补市场失灵、实现公共利益等确定为公共部门的目标,它也存在着很大的解释余地。

(二) 公共部门成本与收益不相关

私营企业利润最大化的目标意味着,其生产活动由成本指标来引导从而力求成本最小化,其销售活动由价格指标来引导从而力求收益最大化。利润把企业的成本与收益联系起来,使得企业会尽最大努力将人力、物力和财力等资源的匹配达到最优化状态。公共部门没有利润的追求,其生产活动的投入主要来自社会的税收,其生产的产品大多无偿提供给社会,受益人是全社会,因此公共部门生产活动中的成本与收益是不相关的,这就使得公共部门在配置资源时,没有必要追求人力、物力和财力等资源的最优化。有时为了生产特定的公共产品,公共部门会倾向于申请更多的"预算",因为预算越多,投入就越大,生产的公共产品就越多,部门的绩效就越显著。

(三) 公共产品的产出难以衡量

由于存在价格标准,我们可以很容易地衡量企业的产出数量和质量。公共产品缺乏价格标准的指引,并且作为"消费者"的社会公众只能被动接受而难以有效地进行选择,因此公共产品的产出是难以衡量的。例如,我们可以知道一个国家在某个年度安排了多少国防支出,但很难判定这种公共产品的产出数量与质量;我们可以准确地得知一个地区警察的数量和公共安全的支出规模,但却很难判断公共安全这种公共产品的数量与质量。同时,很多公共部门实际上只是向社会提供"中间产品"而非最终产品,如公路交通、食品药品监管、基础教育等,这些中间产品对社会最终产品的生产起到了支撑作用,但作用的大小却难以准确衡量。

四、部门整体支出绩效目标的申报步骤

根据现行预算绩效管理的工作要求,在预算申报和编报环节,如果预算部门未能将已纳入绩效目标管理范围的项目或支出随预算同步申报绩效目标,则不能进入下一步预算编制审核流程。申报绩效目标具体有以下几

个工作步骤。

（1）财政部门布置编制下年度部门预算时，确定预算部门绩效目标的编报范围和要求。

（2）申报纳入绩效目标编报范围的财政支出绩效目标，填报绩效目标申报表。部门（单位）整体支出绩效目标申报表如表6-1所示。

（3）预算部门（单位）汇总本级及所属单位的绩效目标，填报绩效目标申报表。

（4）预算部门（单位）按照绩效目标有关要求，对本级及所属单位申报的绩效目标进行修改和完善。

（5）预算部门（单位）将修改和完善的绩效目标随同部门预算报送财政部门。

表6-1　部门（单位）整体支出绩效目标申报表

（　　　年度）

单位名称				
单位代码				
单位资金申请（万元）	资金总额：			
	其中：当年财政拨款：			
	其他资金：			
单位绩效目标	目标1： 目标2： 目标3： …			
单位绩效指标	产出指标	数量指标	指标1： 指标2： …	
		质量指标	指标1： 指标2： …	
		时效指标	指标1： 指标2： …	
		成本指标	指标1： 指标2： …	

(续)

单位绩效指标	效益指标	经济效益指标	指标1： 指标2： …
		社会效益指标	指标1： 指标2： …
		生态效益指标	指标1： 指标2： …
		可持续影响指标	指标1： 指标2： …
	满意度指标	服务对象满意度指标	指标1： 指标2： …

五、加强绩效目标管理的措施

完善绩效目标管理是预算绩效管理的一项重要内容，要进一步明确绩效目标管理的定位，加强绩效目标的管理，使绩效目标与部门总体规划相符合，与部门（单位）具体职能相结合，与全过程绩效管理相衔接，与指标体系相联系，做到科学设置绩效目标。

(一) 明确绩效目标管理定位

在绩效目标管理上，首先要进一步准确界定其主体、客体、内容和结果等四个主要方面，即解决"谁来管、管什么、怎么管、如何用"的问题，特别是要把绩效目标管理与预算资金安排、项目实施和项目管理有效结合，形成良好的目标导向机制。

(二) 逐渐扩大目标管理范围

要进一步扩大绩效目标管理范围，确立绩效目标的地位，将绩效目标作为申请预算的前置条件，增强绩效目标的作用，逐步实现"预算编制有目标"要求对所有预算的覆盖。一方面，不断扩大目标覆盖"面"，提高绩效目标资金量，实现从对项目支出编制绩效目标到对部门整体支出编制绩效目标，从对本级支出编制绩效目标到对转移支付编制绩效目标，从对部门绩效目标提升到对政府整体层面的绩效目标提升；另一方面，逐渐实现目标覆盖到"线"，拓展目标管理环节，按照"先评审、后预算"的管理要求，建立财政资金预算绩效评审制度，将预算绩效评审作为前置环节纳入预算绩效管理过程，将预算环节编制绩效目标延伸到项目立项环节，加强绩效目标的前评审，对没有绩效目标或绩效目标设置不合理的不予立项。

(三) 促进绩效目标与部门总体规划相衔接

绩效目标的设定要符合部门的战略目标和总体发展规划。各部门应根据国务院编制预算的总体要求和财政部门的具体部署、国民经济和社会发展规划、部门职能及事业发展规划，科学、合理地测算资金需求，编制预算绩效计划，报送绩效目标。在编制预算之前，各部门应提供事业发展的总体计划，并将战略目标详细分解成年度目标。根据部门工作战略规划，详细阐述预期达到目标的具体内容，使绩效目标与部门目标高度相关，并且是具体的、可衡量的、在一定时期内可实现的，从而促进部门绩效目标与部门工作计划一体化，达到资金的有效配置。

(四) 实现绩效目标与部门具体职能相结合

各级、各类公共部门在社会经济发展过程中都负有相应的职能，并将预算安排的资金作为其实现职能的财力来源和保障。财政资金使用效率的高低直接关系着部门职能能否实现以及实现的程度。财政部门要依据国家相关政策、财政支出方向和重点、部门职能及事业发展规划等对部门提出的绩效目标进行审核，包括绩效目标与部门职能的相关性、为实现绩效目标所采取措施的可行性、绩效指标设置的科学性、为实现绩效目标所需资金的合理性等。

(五) 做到绩效目标与指标体系相联系

在确定绩效目标的过程中，应确保绩效目标与绩效指标有直接的联系，以保证指标能够准确地反映被评价对象绩效目标的实现程度。此外，绩效指标的设定要体现有效性，不宜过多过杂，以避免出现数据收集困难进而导致管理成本过高的问题。

第二节　部门整体支出绩效目标的审核

部门整体支出绩效目标的审核是指财政部门对各部门所报送的整体绩效支出绩效目标进行审核并反馈审核意见，报送单位根据财政部门反馈的审核意见对部门绩效目标进行调整的过程。

水利系统某单位注重前期对绩效目标的管理，主动聘请第三方机构对单位整体支出绩效目标和项目支出绩效目标进行审核，包括该单位及其下级单位"一上""二上"两轮预算申报中的绩效目标审查及修改工作，以完善各下级单位填报绩效目标的完整性和准确性，提高绩效目标填报的质量和效率。

该单位委托第三方机构对绩效目标进行审核后，及时将意见反馈给下级单位，下级单位根据相关意见对预算绩效目标做出调整和完善。

一、绩效目标的审核依据

财政部门对预算单位提出的绩效目标进行审核，其主要依据包括以下几个方面。

（一）国家相关法律法规

国家相关法律法规既包括与财政预算制度有关的《中华人民共和国预算法》等相关法律法规，也包括与部门具体项目相关的法律法规。

（二）国家经济和社会发展政策及其规划

国家经济和社会发展政策及其规划主要是指国家中长期战略规划和政府年度经济工作重点。国家中长期战略规划主要是指各个"五年规划"，如国家国民经济和社会发展"十三五"规划。政府年度经济工作重点包括了政府年度经济工作的基调和主要着力点，中央经济工作会议是传递年度经济工作重点等信息的重要渠道。

（三）部门职能及事业发展规划

部门职能及事业发展规划主要是指预算单位在政府序列中被赋予的具体职能以及依据其具体职能制定的相关行业的发展规划目标。预算单位的绩效目标应当围绕本部门职能以及事业发展规划来设定。

（四）预算单位当年的重点工作安排

预算单位当年的重点工作安排主要是指预算单位根据本部门中长期战略规划制定出来的部门年度工作规划。部门年度重点工作是部门年度工作的主线。绩效目标要符合这一工作主线，有助于部门年度重点工作的开展和部门年度目标的实现。

（五）当年预算支出的结构和重点方向

当年预算支出的结构和重点方向主要是指全部财政资金支出的结构安排以及年度财政资金安排的重点支出项目。财政部门对预算单位的绩效目标进行审核时，要结合年度财政支出规划，引导各个预算单位的绩效目标与年度预算支出的结构和重点方向相一致。

（六）当年预算资金的预计安排情况

当年预算资金的预计安排情况主要是指根据财政资金管理的需要，结合本级政府财力能够动员使用的财政资金状况。财政部门在审核预算单位的预算目标时，必须考虑到本级政府的财力以及既有财力下的资金安排状况。

二、绩效目标的审核要点

绩效目标审核的要点是目标细化和量化程度，确保其完整性、准确性的统一，并注重审核方法的创新，不断提高审核质量。绩效目标审核的主要内容包括以下几个方面。

（一）全面性审核

全面性审核重点审核绩效目标是否全面反映了政府发展规划和部门的事业发展方向，绩效目标是否明确、突出，是否清晰概括了部门职能和项目重点。

（二）完整性审核

完整性审核重点审核填报内容是否完整、正确，是否细化为适当的绩效指标和标准以及相应指标内容和量化值（定量或定性描述）。其侧重的是形式审核。

（三）准确性审核

准确性审核重点审核绩效目标与部门职能是否相关，绩效目标是否客观、务实，有无模糊、不便于执行的地方；在既定的资金规模下，绩效目标是否过高或过低；要完成既定的绩效目标，资金规模是否过大或过小。

（四）可行性审核

可行性审核重点审核为实现绩效目标所采取的措施是否科学可行，是否具有可操作性，并结合其他资金安排使用情况，综合考虑成本与效益，审核是否有必要安排该项资金。

三、绩效目标的审核方式

绩效目标审核由财政部门执行，审核方式一般分为财政部门自行审核和第三方审核。

财政部门自行审核是指财政部门的相关工作人员对预算单位的绩效目标进行审核，并出具审核意见。对预算单位绩效目标的审核往往与对预算单位的预算审核一同进行，可将两者结合起来开展。第三方审核主要针对特别重大、受社会广泛关注的项目。这些项目往往对经济社会发展或民生方面有着重大影响，通过第三方对绩效目标审核能够充分吸收社会各界人士对绩效目标的意见，提高社会公众和受益群体对项目的满意程度。除了以上两种绩效目标审核方式外，预算单位往往会对绩效目标进行自审核。预算单位自审核可以提高预算绩效目标的合理性和预算编制的科学性。预算单位往往会在部门预算"一上"时，提出部门绩效目标体系。随后，预算单位根据"一下"的情况开展自审核，调整相关预算安排和绩效目标。也有一些单位的绩效目标自审核是在"二下"时进行的。

财政部门作为财政资金的主要管理部门，有义务对预算单位的预算草案和预算绩效目标进行审核。财政部门可以依法对预算单位的绩效目标进行管理、监督、检查。当前的绩效目标管理活动也主要是由财政部门发挥主导作用的，主要表现为各级财政部门不断推出绩效管理工作的各项工作方法，各级财政部门不断完善绩效管理工作的指标体系，财政部门不断推进预算绩效管理工作所需的财政信息系统建设。

第三方审核也称为专家审核，审核人员由相关部门人员、专家学者、中介机构（会计师事务所、律师事务所等）以及部分社会公众代表组成。第三方的审核人员往往与被审核预算单位和预算项目无直接利益关系，并且不存在行政管辖关系，更能够保证审核的公正性、客观性。由于第三方审核群众基础广泛，所以吸收其审核意见后所提出的绩效目标更能够为社会公众所接受，也能增加社会公众的满意程度。第三方审核往往具有更高的透明度，可以增加项目的透明性，也容易为社会公众所接受。

四、绩效目标审核的意见反馈和完善

水利系统某单位委托第三方对其绩效目标进行审核后，应及时将意见反馈给下级单位，下级单位根据相关意见对预算绩效目标做出调整和完善。通常来说，财政部门在"一上"时组织人员对预算草案和预算绩效目标进行审核，并提出意见。财政部门将审核意见反馈给预算部门，称为"一下"。财政部门的审核意见应当明确、清晰、有依据，既包含总体判断，也要指出具体的问题，针对性地提出具体的修改意见。预算单位在收到财政部门的审核意见之后，要结合财政部门对其预算控制数和具体绩效目标的审核意见，做出相应的项目调整或预算目标调整。在修改之后，一般需要在预算单位内部进行自评审，在内部自评审通过之后将修改后的预算草案和绩效目标重新上报财政部门。财政部门在对预算单位第二次上报的预算草案和预算绩效目标体系（"二上"）进行审核时，审核的重点在于预算单位是否充分吸收了第一次审核时所提出的修改意见，对第二次上报的预算草案和预算绩效目标体系做出整体判断。财政部门在完成第二次审核后将审核意见再次反馈给预算单位。预算单位根据财政部门第二次反馈的审核意见，对预算草案和预算绩效目标体系做出调整，调整后再次上报财政部门，由财政部门审核确认。

第三节　部门整体支出绩效目标的批复

在绩效目标审核通过的基础上，绩效目标将在财政预算经同级人民代表大会批准后，随部门预算一并批复。批复的绩效目标应当清晰、量化，以便在预算执行过程中进行绩效监控和在预算完成后实施绩效评价时进行对照比较。

绩效目标的批复包括财政部门批复和预算部门批复两个流程。一是财

政部门对审核后的相关绩效目标内容及绩效评价项目编制批复说明,以规范格式将审核确认的绩效目标批复给预算部门,并对预算部门进一步细化批复下级单位的绩效目标和实施绩效监控等提出工作要求;二是预算部门按照财政部门批复的绩效目标,在规定时间内细化并批复到项目实施单位,并提出相关的工作要求。

此外,在预算执行过程中若需要对预算进行调整,则此时预算绩效目标也可能需要发生相应的调整。预算绩效目标调整是指在项目实施过程中由于客观环境的变化或是项目意图发生改变等情况,对原有绩效目标提出修改的情形。预算绩效目标一经确定,一般不予修改。在具体实施过程中,如遇特殊情况确实需要修改时,需要上报预算管理部门并对修改后的预算绩效目标体系重新履行批复手续。

参 考 文 献

[1] 张伟. 完善预算支出绩效评价体系研究 [D]. 北京:财政部财政科学研究所,2015.

[2] 胡若痴,武靖州. 部门整体支出绩效目标编制优化原则研究 [J]. 财政研究,2014 (6):37-39.

[3] 陈庆宇. 地方政府财政预算绩效管理创新研究——以深圳市龙岗区为例 [D]. 湘潭:湘潭大学,2015.

第七章 部门整体支出绩效跟踪监控管理

绩效跟踪监控是预算执行的重要环节，也是全过程预算绩效管理的"延伸点"。它是财政部门和预算部门依据设定的绩效目标对绩效运行及目标预期实现程度开展的控制和管理活动，是绩效目标编制完成后的主要任务，体现在预算执行过程中。

第一节 部门整体支出绩效跟踪监控的主要内容

一、绩效跟踪监控的作用

绩效跟踪监控处于全过程预算绩效管理的中间环节，在预算执行和监督过程中承前启后，是联结绩效目标与绩效评价的关键"链条"，具有重要的地位。实施绩效跟踪监控管理，有助于及时纠正偏差，促进绩效目标的实现，可以帮助部门完善预算管理，以更有效的方式改进预算绩效，同时也为绩效评价和预算执行提供了可靠的依据和保障，发挥着重要的作用。

（一）有利于保障绩效目标的实现

绩效跟踪监控主要是反映绩效运行及进展情况，跟踪绩效目标以确认其实现的程度。实施绩效跟踪监控，有助于分析和预测绩效运行的趋势，及早发现问题，进而判断绩效运行是否偏离既定的绩效目标。同时，绩效跟踪监控也有助于提供充足的数据和反馈信息，以找到偏离绩效目标的原因和症结，从而指导有关部门及时做出调整，采取针对性措施予以纠正，有效改进绩效目标实现路径，以确保绩效目标如期实现，因而成为完善绩效目标管理的重要手段。

（二）有利于建立过程考核机制

对事中预算执行的绩效跟踪监控，有利于建立一种"过程考核"机制，加强从投入到产出的绩效过程监督，强化事中管理，有助于克服预算执行事后"发现问题相对滞后、整改问题难度增加"等弊端，解决绩效评价"结果考核"所不能解决的问题，既能防患于未然，也为绩效评价奠定了良好基础。

（三）有利于促进形成绩效评价结论

在绩效跟踪监控过程中所采集的数据信息和形成的绩效运行监控报告，既能够作为绩效评价的重要资料，也可作为判断部门管理水平的依据，以进一步发现绩效管理中存在的问题，并做出公正的评价。它是绩效评价阶段的前奏和准备，有利于形成全面科学的绩效评价结论。

（四）有利于加强部门预算执行管理

绩效跟踪监控的运行情况分析等资料，反映了预算绩效计划的执行进度，可以作为预算执行进度分析和用款计划下达的依据，帮助财政部门合理估计部门支出需求，发挥用款计划的管理作用，有利于减少部门的不合理支出。同时，有利于督促和加快项目支出等的预算执行进度，提高预算执行的均衡性，规范项目结余管理。

二、绩效跟踪监控的主要内容

原则上，纳入部门整体支出绩效管理的所有资金都属于绩效跟踪监控的范围。绩效跟踪监控主要是监控绩效目标的实现程度及进度，分析预测发展趋势，预判目标预期情况，做出是否完成的判断。水利系统某单位通过对各项目执行过程进行的有效监控，保证了项目执行顺畅有效，无重大纰漏产生。具体包括以下四个方面的内容。

（一）绩效目标预期完成情况

绩效目标预期完成情况包括计划提供的公共产品和服务的预期完成程度及趋势，计划带来效果的预期实现程度及趋势，社会公众满意度预期实现程度及趋势，达到计划产出所需要的财力、物力、人力等资源的完成情况等。它主要是立足于绩效趋势判断的角度进行监控。

(二) 项目实施情况

项目实施情况包括具体工作任务实际开展情况及趋势，项目实施计划的实际进度情况及趋势，实施计划的调整情况等。它主要是从项目实施的角度进行监控。

(三) 资金管理情况

资金管理情况包括资金用款计划的时效性，专项资金支付方式，拨付效率，资金安全性等。它主要关注对预算执行情况的监控。

(四) 涉及项目管理情况

涉及项目管理情况包括执行政府采购、项目公示、工程招投标和监理、项目验收等的情况，财务管理和会计核算的情况，相关资产管理的情况等。它主要是从制度管理的角度进行监控。

(五) 保障措施情况

保障措施情况包括相关支出或项目的实施管理办法，有关操作规范及参与人员等。它主要是监控相关保障措施的配套与实施情况。

三、绩效跟踪监控的实施方式

由于部门整体支出绩效管理的实施主体是各级财政部门和预算部门，所以绩效跟踪监控的实施主体也应是各级财政部门和预算部门。根据监控主体的不同，一般可将绩效跟踪监控分为预算部门自行监控和财政部门重点监控两种方式。

(一) 预算部门自行监控

预算部门按照预算绩效管理的相关规定，对照预算中设定的绩效目标，对本部门及所属预算单位的支出及项目的执行过程进行跟踪，监控绩效目标实现程度和预算执行情况。在此过程中，预算部门要健全预算执行管理制度，提高支出的及时性、均衡性和有效性，做好绩效基础上的预算执行分析；加强对预算资金管理及项目实施情况的监督，及时了解绩效目标的完成情况、项目实施进程和预算进度，做好预算执行基础上的绩效信息收集和分析；围绕设定的绩效目标进行检查，当实际绩效与绩效目标发生偏离时，要及时采取措施进行防范或予以纠正，必要时应向财政部门报告，做好绩效信息分析基础上的监督和控制。

(二) 财政部门重点监控

在预算部门自行监控的基础上，财政部门根据批复的部门预算及绩效目标，结合国库管理等预算管理要求，对部门预算执行进度及绩效目标实现程度进行有针对性的重点监控管理。在此过程中，财政部门可通过设定关键节点报告制度、进行实地调查核查，以及完善绩效运行信息采集、汇总分析系统，对预算部门支出及有关项目进行重点抽查，确认绩效目标进展及预期实现情况，并查找资金使用管理以及项目执行过程中的薄弱环节，以发现问题和风险，督促预算部门完善措施和改进管理，防止预算绩效运行偏离原定目标，进而确保实现既定的绩效目标。

四、绩效跟踪监控的基本要求

进行绩效跟踪监控，需要明确以下几点要求。

(一) 合理可行

绩效跟踪监控不同于绩效评价下有明确的方法和固定的手段，它涉及的内容广泛，与预算执行又存在一定交叉，主要目的是防患于未然，寻求对问题的解决和潜在风险的控制，侧重于修正目标而非评价目标。在具体监控开展上，它需要财政部门、水利部门以及具体项目实施单位的充分沟通和共同努力。为此，要科学设计绩效监控分析框架，建立有效的信息收集系统，完善绩效跟踪监控管理制度，注重可操作性，以保证绩效跟踪监控得到切实实施。

(二) 突出重点

绩效跟踪监控要突出重点，找准部门业务活动的切入点和项目实施的关键点，明确影响绩效运行的关键环节，并围绕绩效目标的实现过程开展分析检查，重点判定绩效目标的实现过程、实现程度及实现趋势。

(三) 适时适度

绩效跟踪监控要适时进行，以对绩效运行情况进行掌控。同时，要注意把握绩效运行节点和时间点的控制，设计适当的报告和信息反馈时间间隔。监控过于紧密，会加重具体实施单位的负担；监控过于疏松，则不能及时发现风险和问题，弱化监督控制功能，使绩效跟踪监控失去应有的管理价值。

(四) 及时纠偏

在绩效跟踪监控中发现外部条件发生变化或绩效运行情况未与绩效目标一致时，要认真分析问题产生的原因，寻找相应的对策，加强执行管理，完善绩效措施，以做到及时纠正和调整，保证绩效目标如期实现。其中，对于问题严重的或明显不适宜完成的绩效目标，要做出预算调整，暂缓或取消相关项目的执行。

五、绩效跟踪监控的实施程序

结合财政部门重点监控和预算部门自行监控方式的做法，一般地，绩效跟踪监控流程可分为"布置计划—跟踪监控—报送信息—审核反馈—重点抽查"六个步骤。

(一) 布置计划

在绩效目标随部门预算批复后，财政部门应结合财政支出和具体项目实施情况，选取部分或全部目标进行绩效跟踪监控，对绩效跟踪监控工作进行明确布置，提出绩效跟踪监控的实施要求，包括监控的主要内容、方式、工作要求、反馈格式、时间节点等。

(二) 跟踪监控

预算部门应根据财政部门关于绩效跟踪监控的实施要求，分析财政支出及绩效目标的保障性制度、措施的建立和执行情况，以及其合规性、适用性和有效性，完善有关绩效跟踪监控管理的基础。同时，要按照绩效运行环节的关键点，汇总收集的相关绩效运行信息，跟踪监督绩效目标进展及相关内容，确保绩效目标得到有效执行。这一过程主要是以部门为主进行自行监控。

(三) 报送信息

预算部门在开展绩效跟踪监控过程中，要全面反映财政支出和项目计划的完成情况、与目标的偏差情况，分析原因，预计目标实现的可能性，并按照时间要求向财政部门报送绩效运行情况，包括绩效表格和文字报告等形式的资料，以证明其绩效跟踪监控活动的及时开展，从而使财政部门及时掌握有关绩效运行及绩效目标实现的情况，为重点监控奠定基础。

(四) 审核反馈

对预算部门报送的绩效运行信息及监控资料，财政部门要加强审核，特别是对于跨部门的项目支出或各部门同类性质的支出，要综合各部门报来的绩效运行数据进行横向比较和分析，从总体上研判绩效目标的进展趋势，并从中发现影响绩效目标的问题及因素，明确改进措施和方向，及时反馈给预算部门，以实现对绩效运行的动态纠正和调整。

（五）重点抽查

根据各预算部门跟踪监控的情况和反馈的管理信息，结合审核中发现的苗头性、倾向性问题，财政部门在预算部门开展自行监控的过程中，有重点地选取部分部门进行抽查，以确保预算部门报送的监控情况的真实性与准确性，提高绩效跟踪监控的质量，防范问题与风险。同时，通过重点抽查也可发现预算部门未注意到的共性问题，督促预算部门及早采取措施，提高管理水平。这一过程基本上以财政部门为主进行重点监控。

第二节 部门整体支出绩效跟踪监控管理的主要环节

绩效跟踪监控管理主要集中在对绩效运行的分析、监督和报告上，包括绩效运行信息收集、绩效运行信息分析、绩效运行监控报告形成等三个主要环节。

一、绩效运行信息收集

绩效跟踪监控围绕绩效目标的预期实现程度进行，需要以全面、翔实、针对性强的数据信息为基础。因此，绩效运行信息的收集是绩效跟踪监控的首要工作，是后续开展运行情况分析和绩效评价的基础。绩效运行信息涉及面广，收集的工作量大，需要提高收集的效率，更要确保相关数据的正确性。收集相关信息数据应遵循三个关键原则：可靠性、有效性、及时性。这些原则构成了稳定的数据三角支撑，如图7-1所示。如果三者中缺失任何一个，系统的可信性就会消失。美国政府会计准则委员会则提出绩效运行信息应满足几个特征，即适合性、可理解性、可比性、及时性、连续性以及可靠性。

（一）广泛收集数据和信息

从部门提供的公共产品和服务的数量、成本、效果等各个方面广泛收

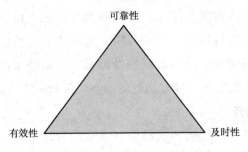

图 7-1 收集数据的三个关键原则

集信息,如预算收支数据、宏观经济数据、部门内部数据等。具体做法:一是以设定的绩效目标为核心,紧紧围绕绩效目标的要求来收集信息,只有目标明确,才能从大量的预算数据和信息中快速地识别、判断和管理相关的信息;二是以绩效指标的完成情况为信息收集的重点,并根据实际需要对信息收集的内容进行必要的扩展,使其并不仅仅局限于绩效指标,以解决绩效指标不能对绩效目标进行全面表达的问题;三是尽可能对数据和信息进行量化处理,为进一步的分析和判断奠定基础。量化的数据信息有助于客观地进行比较衡量,为此,需要将收集的信息和情况尽可能地进行量化处理,但是现实中很多影响因素和结果是难以量化或者量化的成本代价太高的,这时需要在量化处理的成本和收益间进行权衡。

(二) 提高信息收集的效率

信息的收集、整理和记录是一件十分琐碎和基础的事情,而且是连续不断的,工作量很大,需要采取措施来提高信息收集的效率。具体措施包括:一是建立有利于成本数据采集的政府会计核算系统。政府会计核算是对预算收支活动的记录,一个设计合理的核算体系有利于工作人员尽快整理出项目的收支数据。二是建立信息化的数据处理系统。如果这个信息化的系统能满足项目特性,对数据进行个性化处理,则能帮助工作人员更加快捷地处理数据,提高工作效率。三是培养有丰富经验的工作人员。依据管理学界所熟知的"二八法则",80%的重要决策来自20%的重要数据,而如何识别这20%的重要数据,则依赖于一线工作人员的丰富经验。

(三) 确保信息的正确性

信息的真实性是绩效分析的前提和基础,采取措施确保数据信息的真实性是必要的。一是要避免对数据信息的扭曲处理。在实际工作中，有些数据信息往往因不可控制因素等主客观原因而不能反映实际绩效，此时需要采用其他相对稳定的信息来代替。二是扩大数据来源渠道，建立数据制衡机制。数据是对行为活动结果的反映，行为之间的逻辑关系必然会表现为数据之间的逻辑关系，从不同渠道获取的数据可以相互验证，这有利于防止个别的造假行为。三是建立事后惩罚机制。在绩效监控和监督检查中，一旦发现了部门的数据造假行为，就要采取相应的惩戒措施并建立责任机制。

二、绩效运行信息分析

各类绩效运行信息在被收集后，只有经过进一步加工处理，才能形成有利于管理和决策的信息。在核实所收集的绩效数据信息的基础上，要做好绩效运行信息分析工作，重点分析绩效计划是否得到较好的执行，行动是否按照预先计划那样有利于绩效目标的实现；要分析内外部环境的变化因素，预测计划可能产生的各种结果，判断绩效目标的实现程度。对于预算执行过程中的绩效监控分析和预算完成后的绩效评价，两者采用的方法基本相同，如成本效益分析法、比较法、因素分析法、最低成本法等。它们的区别在于：绩效监控中对信息分析的目的是确保实现预期的绩效目标，主要是监测绩效运行的节点环节和预算执行中的关键问题，重点关注下阶段工作及目标实现程度的预测；而绩效评价的目的是分析预算所产生的绩效，评价绩效执行情况，是对各方面问题的全面、详细分析，重点关注前阶段工作及绩效目标实际完成情况的评判。两者之中，一个"向前看"，一个"向后看"。

三、绩效运行监控报告形成

信息分析的工作很细致，容易使管理者将精力过度集中于微观问题，而忽视对宏观问题的思考，因此有必要形成一个层层递进的绩效运行监控报告体系，将微观问题逐级转化为宏观问题，进而突出绩效跟踪监控的成果。为此，要在绩效运行信息分析的基础上，逐级汇总形成绩效运行监控报告。一是要让位于最基层、最前沿的实施单位形成绩效运行情况分析报告，直接执行部门是数据和信息最丰富的地方，来自基层的分析报告是整个报告体系的基础。二是按照预算绩效管理级次逐级汇总，根据绩效跟踪监控的要求对报告的信息重新进行分析、整理和综合，形成针对具体项目、部门的绩效运行监控报告，以反映预期绩效目标下各类公共产品和服务产出情况的实现程度。绩效运行分析不是一次性的工作，需要根据情况多次进行。考虑到预算绩效跟踪监控的需要、工作量以及与其他管理工作的衔接等因素，对于年度预算支出或项目，应当按合理适当的期限进行绩效运行分析，并形成绩效运行监控报告。

绩效运行监控报告的主要内容应当包括：关键点的绩效运行数据信息，对相关数据的核实和分析情况，围绕绩效目标的绩效运行和预算执行情况，对预期产出和预期绩效实现程度的判断，根据绩效运行情况已采取的改进措施，进一步完善和改进预算执行的建议等。

第三节 加强部门整体支出绩效监控管理的措施

目前，由于实践的滞后与理论的缺失，在部门整体支出绩效管理中，绩效监控管理是相对薄弱和有待加强的环节。为此，应逐步推进绩效监控管理，加强绩效数据运行信息系统的建设，建立健全有效的监控运行机制。

一、充分运用预算绩效监控信息，实现绩效监控和预算执行管理的相互促进

目前，对于预算执行管理的要求还仅限于保证预算支出的合法、合规和执行进度。在预算执行过程中充分运用绩效信息可以切实加强预算执行管理，有利于实现预计的项目产出和结果。

二、加强重点监控

抓预算执行的关键是抓项目支出预算执行，而大额项目、重点项目又是项目支出的重点。为了全面推进财政财务科学化、规范化管理，从2013年起，中央财政在中央预算部门（单位）开展了以细化到科目、重点项目为核心内容的全年用款计划编报工作。重点项目的选取标准为：资金量在1亿元以上的项目以及国家发展改革委安排的所有基建项目。重点项目细化到按项目编报用款计划和开展预算执行，有利于部门跟踪监测重点项目执

行情况，明确责任主体，强化对重点项目资金的监督管理。由于目前预算安排的项目数量非常多，所以绩效监控不可能做到全覆盖，因此选取重点项目和重大专项支出作为监控的重点有利于预算监控的有效实施。

三、强化部门的责任意识

部门是项目预算执行的责任主体，相应地，也应该是预算支出绩效监控的责任主体。预算部门应该充分认识预算监控作为绩效事中评价的重要性，健全制度，完善措施，加强管理，及时掌握和分析项目支出的绩效运行信息，做好预算支出绩效监控工作。

四、加强部门决算管理

决算是预算执行情况的综合反映，是总结预算执行管理规律的重要手段，也是系统地整理和统计预算执行情况的主要办法。为此，应该认真分析和积极利用决算数据，形成预算指标下达、预算执行、决算数据集中采集编报、决算信息为预算编制服务的闭环，使之与预算执行建立"可追溯"的信息源联系，明确预算执行责任与决算结果的关系，最终向绩效监控进行信息反馈。

五、强化对数据信息的收集与分析，建立强有力的绩效运行信息系统

绩效监控必须建立在对大量信息的占有和分析的基础上。要实现有效的监控，必须按照系统控制论的要求，立足"大数据"时代，加强对信息的系统整合，形成完善的绩效运行信息系统，为绩效监控提供有力的技术支撑。当前，要重视绩效数据与信息在绩效监控中的"苗头性"作用，依托"金财工程"大平台，依靠现有的预算指标系统、资金拨付系统以及国库动态监控系统，建立和形成反映绩效运行的信息系统，使之既与各系统相互联结，又能独立发挥其对绩效运行的必要监控作用，以促进绩效监控的实施，进一步实现绩效监控的实时性、联结性、系统性与有效性。

六、以建立责任制度为基础，形成对绩效监控的有效运行机制

部门是提高预算执行绩效的责任主体，也是进行绩效监控的责任主体。

财政部门要加强指导，督促预算部门健全预算执行制度，完善绩效监控的措施手段，强化预算执行绩效管理，加强对绩效运行的监控和信息反馈，并将其作为日常预算执行工作的重要内容，及时掌握和分析本级各部门支出和项目的绩效运行情况，做好对部门绩效目标及其运行的重点监控工作。预算部门要在规范预算执行的基础上，按照预算审批的绩效目标，推进对绩效运行情况的跟踪监督，做好绩效运行分析及绩效目标完成情况的识别和判断工作，利用绩效运行监控信息快捷、准确地定位出现偏差的环节和问题，对预算执行和绩效目标进行必要的纠偏和调整，寻找实现绩效目标的更优路径。同时，要加强部门决算管理，认真分析和积极利用决算数据，使之与预算执行建立"可追溯"的信息源联系，明确预算执行责任与决算结果的关系，对绩效监控进行反馈式控制；还要进一步健全跟踪、分析、反馈、报告机制，完善对绩效运行信息的适时跟踪、节点分析、及时反馈、全面报告的强有力的响应系统。

参 考 文 献

[1] 陈庆宇. 地方政府财政预算绩效管理创新研究——以深圳市龙岗区为例 [D]. 湘潭：湘潭大学，2015.

[2] 李海南. 我国预算绩效管理问题研究 [D]. 大连：东北财经大学，2014.

[3] 李丽虹. 预算绩效管理信息系统设计——基于实施运行监控功能的视角 [J]. 财政监督，2015（20）：36-40.

[4] 张伟. 完善预算支出绩效评价体系研究 [D]. 北京：财政部财政科学研究所，2015.

第八章 部门整体支出绩效评价管理

第一节 部门整体支出绩效评价指标体系的制定

近年来,随着财政收入规模的逐步增大和公共财政框架的确立,我国财政管理已进入以支出管理为重点的新阶段,追踪问效、提高财政资源的配置效率等支出绩效问题已被重视,因此建立财政支出绩效评价指标体系已成为支出管理改革的当务之急。水利系统某单位于2016年开始主动开展部门整体支出绩效评价工作,其中,2016年选取该单位本级和人才资源开发中心两家试点单位开展具体评价工作,2017年继续选取该单位本级作为试点单位开展评价工作,并对两年评价结论进行深入分析,总结提出了当前单位管理存在的问题及对下一步工作的建议。因此,探索对财政资金综合绩效评价的科学方法,对于深化财政体制改革,提高财政资金使用效率,促进财政收支增长与经济发展相协调,都具有重要的意义。

一、构建绩效评价指标体系的基本原则

(一)目的性与系统性相结合的原则

指标体系的设计要根据所反映的特定研究主体和研究对象的性质和特征,确定指标的口径、范围和含义。同时,要注意指标体系内部的逻辑关系,不要对指标进行杂乱无章的罗列,从而综合、全面地反映社会现象之

间的数量关系和内在规律。

（二）全面性和精简性相结合的原则

财政支出的范围广、内容复杂，支出的效益涉及多个方面，在设计指标体系时不仅要考虑支出对象的层次性，还要考虑支出内容的多样性。因此，指标体系的设计应尽可能从不同侧面反映事物的全貌，在考虑指标体系全面性的同时要注重指标体系的精简性，考虑数据收集的难易和成本的高低，用尽量少的指标或收集成本低的指标来反映尽量多的信息。

（三）完整性与导向性相结合的原则

完整性是指评价指标的设置应与经济体制改革、财政改革的战略目标一致，并能从不同角度反映公共财政支出的内涵和特征，同时要注重指标体系的导向作用和激励作用。导向性是指评价指标的设立和运用应引导评价主体重视评价内容并努力朝着评价标准的方向发展。

（四）科学性与可操作性相结合的原则

由于财政支出管理是一个长期渐进的完善过程，所以评价指标的设计既要考虑目前实际工作情况，做到通用易懂、具有较强的现实意义和可操作性，还要有一定的前瞻性，要体现财政管理改革的方向。

（五）定量分析和定性分析相结合的原则

定量分析可以具体反映财政支出效益的实现情况，定性分析可以反映财政支出与产出的因果关系以及同其他因素的相关性。定性分析是定量分析的前提和基础，在进行财政支出绩效评价时首先要做定性分析，其次在此基础上设置变量、建立模型、处理数据，进而进行定量分析。定量分析是定性分析的深化，它将定性的内容数量化，二者存在密切的联系。

（六）开放性和相对稳定性相结合的原则

构建指标体系作为工作的重中之重，要坚持紧扣主题主线，围绕中心工作，在统筹整合各方面考核要求和考评指标的基础上，加强相关各方面沟通协调，立足考评对象工作职能和发展定位，分级分类设置考评指标及分值权重，同时要考虑单位特点来设置符合单位实际情况的指标，保证开放性和相对稳定性相结合。

（七）绩效考评和应用相结合的原则

绩效考评与应用相结合的原则，强调将考评结果作为评价工作、改进工作、加强管理的重要依据。例如，将考评结果运用到领导班子干部考核、干部选拔任用、公务员考核管理以及财政预算、机构编制调整等有关方面，加大奖优罚劣力度，切实通过考评激发干劲、推动工作。

二、构建绩效评价指标体系的方法

（一）平衡计分卡中的指标体系构建

在平衡计分卡中将评价指标分为三个层次。第一层次包括财务、顾客、内部程序、学习与成长四个维度。第二层次是对第一层次内容的具体表达。其中在政府财政支出绩效评价中，财务是指政府对资金的管理；顾客是指政府或各个部门所面临的服务对象；内部程序是指政府的管理能力和管理技术，是提高政府行政运行效率的关键指标；学习与成长是指公务员的自我学习和提高能力。第三层次是对第二层次每一项内容的细化，即第三层次的指标一般为具体、可量化的指标。

（二）PART 工具中的指标体系构建

PART 工具主要由项目目标和设计、战略规划、项目管理和项目效果四部分组成，每部分对应着一组问题，包括基本问题和辅助问题。一是项目目标和设计部分，具体需考虑项目设计是否合理清晰，目标是否明确，是否能够经受住检验；二是战略规划部分，具体需考虑执行机构是否就实施项目制定了合理的年度目标与长期目标；三是项目管理部分，具体需考虑对项目实施机构管理水平进行评级，考核内容包括是否存在财务漏洞、对改善项目做出努力的程度等；四是项目效果部分，具体需考虑战略规划和其他评价结果，结合项目目标对项目实施绩效进行评级。

（三）层次分析法中的指标体系构建

层次分析法在政府财政支出绩效评价中主要的应用在于确定评价指标体系及其权重，指标构造流程主要为：一是将评价对象中的各因素按照支配关系分解为目标层、准则层、指标层，形成评价的指标体系；二是通过咨询专家，构造判断矩阵，计算单层次指标权重子集和总层次指标权重子集，得出指标权重。

（四）关键绩效指标（KPI）中的指标体系构建

关键绩效指标（KPI）是通过对组织内部流程的输入端、输出端的关键参数进行设置、取样、计算、分析，衡量流程绩效的一种目标式量化管理指标。建立明确且切实可行的 KPI 体系，是做好绩效管理的关键。KPI 体系建立过程一般包括以下几个方面：一是建立评价指标体系。可按照从宏观到微观的顺序，依次建立各级的指标体系，如企业包括企业级 KPI、部门级 KPI、业绩衡量 KPI。二是设定评价标准。要明确各个指标分别应该达到的水平和程度，明确评价指标对比的标杆。三是审核关键绩效指标。重点要通过审核确保关键绩效指标能够全面、客观地反映被评价对象的工作绩效，并且易于操作。

三、构建绩效评价指标体系的文件依据

绩效预算的内容包括绩效目标、绩效合同、绩效评价、绩效报告等内容。其中，绩效评价是对绩效预算实施情况的考评，评价工作组根据相关政策文件制定既能客观真实地体现绩效目标又具有一定针对性的评价指标体系。构建绩效评价指标体系的文件依据主要包括以下几个方面。

2011 年，财政部印发了《财政支出绩效评价管理暂行办法》（财预〔2011〕285 号），该办法指出了绩效评价指标相关性、重要性、系统性、可比性和经济性的五点原则，并根据共性指标和个性指标的分类方法，选取了适用于所有评价对象的共性指标，主要包括预算编制和执行情况、财务管理状况、资产配置、使用、处置及其收益管理情况以及社会效益，经济效益等。

2012 年，财政部印发了《预算绩效管理工作规划（2012—2015 年）》（财预〔2012〕396 号），该规划指出我国全过程预算绩效管理刚刚实行，基础管理工作比较薄弱，指标体系、信息系统等相对滞后，亟须统筹规划、协调推进。并提到了要逐步建立符合我国国情的预算绩效评价指标体系，不断规范和加强预算绩效评价工作，提高预算绩效评价的统一性和权威性，全面推进预算绩效管理。

2013 年，财政部《预算绩效评价共性指标体系框架》（财预〔2013〕53 号）给出的指标体系框架和相关的两点参考说明构建了相应的指标体系。其中，文件把共性指标体系作为参考性的框架，即主要在设置具体共性指标时作为指导，并根据实际工作的进展不断予以完善。

水利部也相应制定了绩效评价指标体系，如《水利部门单位整体支出绩效评价指标体系》《部直属单位整体支出绩效评价指标体系》《中央财政专项资金绩效评价共性指标体系》及水利部部门 18 类重大预算项目绩效指标体系。

四、设计绩效评价指标体系的步骤

部门整体支出绩效评价指标是从绩效目标中而来，通过绩效目标的细化、分解，设计出的能够反映这些绩效目标完成状况的评价指标体系。部门整体支出绩效评价指标体系的设计，大致需要经过四个步骤。

（一）目标分解

目标分解是将各个层面上较为综合的目标分解成为若干清晰而又相互独立的指标。对于某一个层面的绩效目标，其内容必然是多面的和综合的。例如，对于城市基础设施建设，其最终目的必然是为全体市民提供便捷、舒适和科学的城市基础设施体系。而对其总体目标必然要加以分解，如道路建设、公共交通、绿化环卫等方面的建设。对单个方面还需要继续进行目标分解，如公共交通又可以进一步分解到地铁、交通、出租车等各个交通工具的发展状况。

（二）筛选和设计指标体系

对于分解后的目标单元，需要用评价指标对其进行衡量。用评价指标衡量目标单元有直接衡量和间接衡量两种情况。某些目标单元可以被直接衡量，例如，城市人均绿化面积可以反映绿化工作的进展情况，每千人拥有病床数量能够反映医疗卫生建设的情况。某些指标则间接反映目标单元的实现情况，例如，用家庭轿车拥有率来反映经济发展状况。选取间接衡量指标，通常是在难以取得直接衡量指标时所采取的措施。

（三）确定评价指标数据来源

在通过第二步骤选取的指标体系中，某些可能无法获取可靠的数据。对于这些评价指标应当删除，没有可靠数据来源的指标对绩效评价是毫无意义的。一般来说，绩效评价指标数据来源为政府、行业组织或专业机构定期收集、发布的数据。绩效管理部门也可以自行收集一手数据作为绩效评价指标。所获得的二手数据必须在准确性、可靠性方面得到保障，而获取一手数据时需要注意数据获取的成本。通过综合权衡，选择合适的数据来源，为绩效评价的科学性提供保障。

（四）为绩效评价指标设立基准数据

收集到的评价指标数据，必须与一个基准数据对比。对比是评判目标单元完成情况的重要依据。因此，当预算绩效评价指标体系确定后，要以基准数据（可以是基准年的数据，也可以是某些平均数据）做参照，准确反映一项目标单元的完成情况。

五、绩效评价指标的分类

从不同角度来看，绩效评价指标可以有不同的分类，主要分类如下。

（一）共性指标和个性指标

根据适用范围的不同，绩效评价指标可分为共性指标和个性指标。其中：共性指标是适用于所有评价对象的指标，反映同一财政支出层面上不同类别财政支出绩效评价的共用指标；个性指标反映的是评价不同类别财政支出的特有指标，它一般是在确定具体评价对象后，通过了解、收集相关信息和资料，结合评价对象不同特点来设置的特定性指标。对于评价的每项支出，都要有共性指标和个性指标，有利于同类支出的比较。

（二）定量指标和定性指标

根据性质的不同，绩效评价指标可分为定量指标和定性指标。其中：定量指标是指可以通过数量多少进行衡量并以具体数值形式反映评价结果情况的指标，需要建立在对预算支出各项财务数据和工作目标分析的基础上；定性指标是指在既不能精确衡量也无法通过设定数量化指标来反映评价结果的情况下，而采用的据以客观描述和定性分析方式的评价指标，以弥补数量指标的不足，它有助于帮助解释和衡量质量和满意度等方面的目标。在使用定性指标时要充分考虑有关专家的意见，或通过社会调查的方式来取得相关数据，以确保定性指标表述客观、全面、明确，以便更加合理、准确地反映支出的实际绩效。

绩效评价指标的设计应采用定量指标和定性指标相结合的原则，一般以定量指标为主，定性指标为辅。但在具体使用时，要考虑评价指标所指向的对象内容及特点。例如，对基础研究的绩效评价，其数量指标主要包括发表论文、出版专著、发明专利的数量等,但这些指标可能会对基础研究工作带来错误的导向,不能产生创新性和长远性效应,因此,美国国家科学基金会在几经探索之后,其绩效评价采用了定性指标而没有采用定量指标,主要包括是否在科学与工程前沿领域支持了新发现、是否促进了科学发现与其他应用结合等。

(三) 投入类指标、过程类指标、产出类指标和效果类指标

根据预算资金环节的不同,绩效评价指标可分为投入类指标、过程类指标、产出类指标和效果类指标。这种指标分类的理论依据是:将预算视为政府提供公共产品的资金表现形式,把预算投入视为成本,公共产品视为产出,在基于投入产出活动的成本效益分析角度的基础上,通过对预算资金活动的分解,明晰反映财政支出绩效的形成机理,有助于找出影响绩效的关键因素,能够全面反映一项支出绩效的纵向进展及横向水平。按预算资金环节设计的绩效评价指标构成如图 8-1 所示。

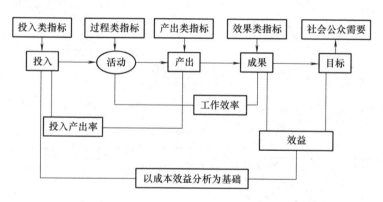

图 8-1　按预算资金环节设计的绩效评价指标构成图

具体到一项绩效评价指标,可能会兼有不同的属性分类,如某一评价指标既是共性指标,又可能体现为定量指标,同时反映部门整体支出的评价方向,并以产出指标衡量部门项目完成比率等内容。因此,在对绩效评价对象进行评价时,应根据上述分类,结合绩效评价的重点及要求,科学合理地设计一整套适宜的绩效评价指标。以财政部 2013 年制定的共性指标为例,其针对部门整体支出绩效的共性指标如表 8-1 所示。

表 8-1　部门整体支出绩效共性指标

一级指标	二级指标	指标解释	指标说明
产出	产出数量	部门产出数量是否达到绩效目标	评价要点： 计划完成率＝（实际完成工作数/计划工作数）×100%。 实际完成工作数：一定时期（年度或规划期）内部门（单位）实际完成工作任务的数量。 计划工作数：部门（单位）整体绩效目标确定的一定时期（年度或规划期）内预计完成工作任务的数量
	产出质量	部门产出质量提升及标准达成	评价要点： 质量达标率＝（质量达标工作数/实际完成工作数）×100%。 质量达标工作数：一定时期（年度或规划期）内部门（单位）实际完成工作数中达到部门绩效目标要求（绩效标准值）的工作任务数量
	产出进度	部门产出时效是否达到绩效目标	评价要点： 按时完成率＝（按时完成工作数/实际完成工作数）×100%。 按时完成工作数：部门（单位）按照整体绩效目标确定的时限实际完成的工作任务数量
	产出成本	部门运营成本控制与改善	评价要点： ①单位产出相对于上一年度的节约额； ②单位产出相对于市场同类产出的节约额； ③部门"三公经费"的控制情况
效果	经济效益	部门（单位）履行职责对经济发展所带来的直接或间接影响	这四项指标为设置部门整体支出绩效评价指标时必须考虑的共性要素，可根据部门实际情况有选择地进行设置，并将其细化为相应的个性化指标。对于效益类指标，可从受益对象瞄准度、受益广度和受益深度上进行设计分析。
	社会效益	部门（单位）履行职责对社会发展所带来的直接或间接影响	
	生态效益	部门（单位）履行职责对生态环境所带来的直接或间接影响	
	可持续影响	部门绩效目标实现的长效机制建设情况，部门工作效率提升措施的创新	
	服务对象满意度	部门（单位）的服务对象对部门履职效果的满意程度	服务对象是指部门（单位）履行职责而影响到的部门、群体或个人。一般采取社会调查的方式

六、绩效评价标准

对于一个完整的绩效评价体系来说,除了设计合理的绩效评价指标外,还应包括开展绩效评价时所参照的评价标准。绩效评价标准与绩效评价指标一起构成了绩效评价体系的主要内容,是实施绩效评价管理的重要工具和技术手段。

绩效评价标准是在进行绩效评价时用来衡量各项绩效评价指标得分的基准,它建立在绩效评价指标的基础上,是衡量财政支出绩效目标完成程度的准绳和确保评价结果客观公正的尺度,一般以一定量的有效样本为基础来测算标准样本数据,并参考其他基线数据或信息来确定不同的标准值。按照标准的取值基础不同,通常将绩效评价标准分为行业标准、计划标准、历史标准、经验标准等四种类型。其中:行业标准通常参照国家公布的行业指标数据制定,是以一定行业许多群体的相关指标数据为样本,运用数理统计方法,计算和制定出的在行业范围内统一的评价标准;计划标准又称目标或预算标准,以事先制定的目标、计划、预算、定额等数据作为评价的标准;历史标准是以本地区、本部门、本单位或同类部门、单位、项目的绩效评价指标的历史数据作为样本,计算出的各类指标的平均历史水平;经验标准是根据长期的财政经济活动发展规律和管理实践,由在财政管理领域有丰富经验的专家学者,经过严密分析研究后提出的有关指标标准或惯例。不同的评价标准,有不同的优缺点和适用范围,具体见表8-2。

表8-2 绩效评价标准比较表

绩效评价标准	适用范围	主要优点	主要缺点
行业标准	适用于评价范围广、评价指标多,需要进行评价结果横向比较的评价	便于对各类支出项目的绩效水平进行横向的比较分析	需要强大的数据资料库做支撑
计划标准	适用于计划与管理工作任务比较明确、针对性强的评价对象	通过将实际完成值与预定数据进行对比,便于发现差异进行评价	往往受主观因素的影响,其制定要求相应较高
历史标准	具有广泛的适用性,适合已形成历史数据的评价对象	具有较强的客观性和权威性	需要及时修订和完善,并剔除口径不可比等因素

(续)

绩效评价标准	适用范围	主要优点	主要缺点
经验标准	适用于无行业特殊性、缺乏同业比较资料、评价指标少的评价对象	具有较强的公允性和权威性	仅适用于情况相近的某些评价

此外，按照绩效评价的标准设置不同，还有不同的标准分类。例如：按照标准的可计量性分为定量标准和定性标准；按标准形成的方法分为测算标准和经验标准；按照标准的区域设定分为国家标准和地区标准；按照标准制定的主体分为政府标准、社会公众标准、民间机构标准等。需要注意的是，评价标准并不是固定的或一成不变的，会随着经济社会发展而不断变化，因此应当加强对标准数据的收集、整理和分析，不断建立、维护和更新评价标准。

七、构建绩效评价指标的注意事项

部门整体支出评价指标体系在设计和选用时要注意以下几个方面问题。

（一）区分成果层面和影响层面的指标

评价指标是用来衡量目标的。划分一项指标属于成果层面还是影响层面，主要依据是区分项目的影响和成果。影响是指在项目完工后一个中长期的时间内，对社会、经济、环境等方面带来的变化。成果则是指项目实施完成所期望达到的目标。从时间上来讲，成果是项目实施结束时就出现的目标，影响是项目完成后一个相当长的时间内才会完成的目标。从范围上来讲，成果层面是项目要解决的具体问题，在项目范围内；而影响则是对整个经济、社会和环境等方面带来的变化，超出项目范围本身。根据上述描述可以判断绩效评价指标究竟是成果层面指标还是影响层面指标。

（二）项目对其影响有限的宏观指标选取

例如，单个项目对经济增长率、失业率、贫困率等方面影响较小，这时就要考虑是否选取这一指标来作为衡量项目绩效的评价指标。一方面，项目的影响会延伸至项目之外，即项目除了有直接影响还存在间接影响，必然对此类宏观因素产生影响；另一方面，这些指标在受到项目影响的同时，更多包含有其他因素影响，并反之影响项目效果本身。针对以上两个方面因素的考虑，这些指标的选取应当遵从以下三点。首先，在确定项目的影响时，要根据项目的规模和范围，确定合理的绩效目标。其影响可能只是在社会、经济、环境、政策等方面的某一方面和某些方面，也可能只是在子部门或部门的层面，要根据项目的规模和范围，尽量使其做到具体、合理、不空泛。其次，对宏观因素的影响必然存在对宏观指标的预期假设，在对其进行后期评价时要考虑宏观指标是否符合预期假设，在此基础之上再评价项目对该宏观指标的影响。最后，可以对比同时期、同类型、不同地点项目的相关情况，以此作为评价手段。对于宏观指标的选取，应当有充分的依据，并且在确实可以量化的情况下，再加入预算绩效评价体系。

（三）从现有信息系统中选取预算绩效评价指标的步骤

第一步，了解现有的信息和数据系统，列出可利用的指标和数据来源，包括国家和地方政府的社会经济的统计资料、行业部门和主管部门的统计资料、科研机构或其他统计机构的统计资料以及非政府机构的统计资料等。

第二步，从现有的资料中选用适合该项目绩效评价的指标，相关性是指标选用的首要条件。

第三步，补充指标设计。已有指标并非完全能够满足绩效评价的需要，当存在某一方面的绩效目标不能够被充分、有效评价时，需要根据项目报告等其他资料，设计补充指标。

第四步，项目实施进程中的评价指标体系调整。预算绩效评价指标体系是在预算绩效目标申报时一同提出的，若项目实施过程中发生项目计划更改、外部环境变化等情况，可以适当对预算评价指标体系进行调整。

（四）评价指标绩效标准设置步骤

绩效标准是衡量绩效评价指标是否达标即项目是否达到预期的绩效目标的标尺。预算绩效指标及目标一般都包含三个因素：数量、性质和时限。通俗地讲，就是在某时间点（段）某一方面的产出（或效果）的多少。绩效标准首先要考虑历史数据和基准数据，即预测在不存在该预算项目的情况下各指标数据是多少，并在此基础上，预测在项目执行的情况下评价指标应当达到什么数值。其次，评价指标的考量时间不宜过长，过长则指标有效性差。若必须有长期指标，则要设置该指标下的中短期指标来补充衡量该指标的实现情况。最后，必须注意目标的设置一定要切合实际，既要求目标值合理、不过高，也要求目标必须是在该项目所涉及的范围之内。

八、水利系统部门整体支出绩效评价指标体系探索

水利系统某单位根据其特点，科学构建指标体系，计划设计核心思路和主要思考因素具体如下。

（一）设计核心思路

本次设置指标体系是在《预算绩效评价共性指标体系框架》（财预〔2013〕53号）中"部门整体支出绩效评价共性指标体系框架"基础上进行修改完善的。本次设计思路是基于CIPP模型以背景评价（Context Evaluation）、输入评价（Input Evaluation）、过程评价（Process Evaluation）和成果评价（Product Evaluation）四部分内容，对应评价该单位整体的投入、过程、产出和效果，如图8-2所示。CIPP模型具有全程性、过程性和反馈性的特点，与评价工作注重全面、注重绩效管理的要求相契合。

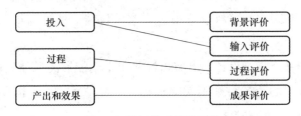

图8-2 指标体系设计思路

投入：考核部门整体年度绩效目标设定的合理性、绩效指标的明确性、预算配置结构的科学合理性。

过程：作为评价工作的重点内容，管理作用能否有效发挥是直接影响绩效优劣的关键因素。管理部分重点考核部门制度保障条件情况、预算管理和资产管理的规范合理性。

产出和效果：从部门职能出发，考核在行业管理和事业发展两方面的具体工作完成情况和效益发挥情况，另从部门整体改革创新方面评价测绘工作的可持续保障条件，从内、外部受益方多角度地了解其对年度工作成果及管理的满意度情况。

（二）指标设置主要思考因素

1. 成熟经验借鉴

此版指标体系的设置主要是在已经使用多年的中央部门的部门整体支

出绩效评价指标体系框架基础上,将部门预算绩效管理现状及相关问题经验融入其中,并在具体指标选用上参考了北京市和上海市单位整体支出评价试点的部分经验。投入、过程中的部分指标采用了已有成熟的指标设置,如投入部分的"目标设定"和"预算配置"。同时在过程部分将评价要点聚焦于以往评价中经常出现的问题和近几年财政预算绩效管理改革的方向,如预算管理中的"资金使用合规性"。

2. 引用已有考核成果

部分指标探索直接引用当前已有的工作成果,如部门制度建设中的"内控评价结果"和预算管理工作中的"绩效管理"部分,直接引用财政部已掌握的内控评价和预算绩效管理工作考核结果。

3. 单位职能、规划、计划、项目及工作梳理

在评价工作思考及指标体系设置过程中,工作组从部门职责履行的角度,以该单位基本职能为基础,将中长期规划、年度计划和项目进行分解、匹配,以作为"绩效"部分评价指标设置的支撑。

4. 关注核心工作

本次评价指标体系在参照财政部整体支出绩效评价的经验基础上,打破了常规产出与效果的分界线,尝试从部门职能的两个核心方面——行业管理(行政管理)和事业发展(业务内容),两个差异较大的方面考虑该单位的核心职能及其支撑的规划、计划、项目和日常工作的产出与效果。同时兼顾行业及事业创新发展、服务满意度内容的评价。

第二节 水利系统部门整体支出绩效评价流程及节点

水利系统部门整体支出绩效评价流程主要包括三个大方面。总的来说,开展绩效评价工作,首先,要确定评价对象和绩效目标。水利系统部门在申报部门整体预算时,一并上报初步形成的绩效目标,由财政部门最终确定绩效目标并反馈给相关部门(单位)。其次,水利系统部门要拟定绩效评价工作方案,并报财政部门备案。部门整体支出预算在执行过程中发生调整的,要经主管部门批准后,方可对绩效目标等内容进行一并调整。最后,根据确定的绩效目标和水利系统部门工作进展情况,结合评价对象的特点,对绩效情况进行综合评价，撰写绩效评价报告，并在规定时间内报送财政部门，以便对绩效评价结果进行核查。绩效评价的具体操作会根据不同部门进行相应的调整。中央部门项目支出绩效评价业务流程如图8-3所示。

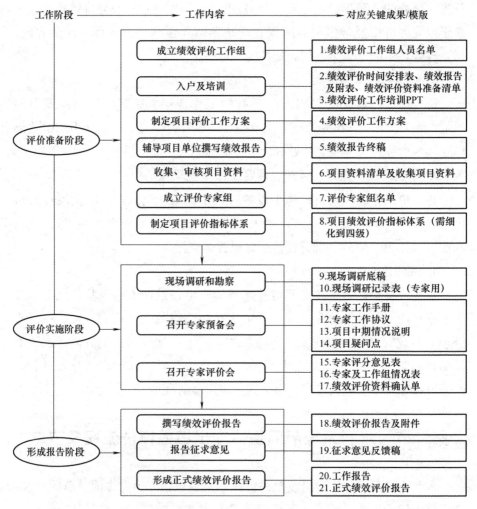

图8-3 中央部门项目支出绩效评价业务流程图

一、评价准备阶段

评价准备阶段，即绩效评价实施的基础阶段，在这一阶段，各有关部门需要确定评价对象，组建评价工作小组，遴选专家等。

（一）确定评价对象并下发绩效评价通知

水利系统部门整体财政支出由项目支出和基本支出构成。基本支出包括人员支出和公用支出，按照编制与定额安排。项目支出是用于水利项目发展的支出。其中，在针对绩效评价项目进行选择时，需遵循以下几个原则。

（1）选择绩效相对容易判断的水利项目。这要求进入评价范围内的水利项目绩效是可衡量的。为了真实反映水利项目绩效，应选择评价指标可以量化的项目，或者评价指标以定性指标为主但其可行性和稳定性较高的项目。

（2）以发现问题为目的确定评价水利项目。对水利项目进行绩效评价的最终目的是预测项目的可行性和效率性，因此在确定评价水利项目时，要针对项目的立项、实施和最终结果提出相应质疑，对存在的问题进行分析，并提出相应的整改建议。

（3）在选择项目时，应当从当前社会经济发展热点领域和社会关注度高、公众呼声高的领域出发，尤其在现阶段，应更加倾向于事关国计民生的重点项目。

（4）从推动绩效评价工作面的拓展出发，考虑将更多的项目纳入绩效评价范围，尝试更广泛的评价覆盖，以推动部门整体绩效管理工作的全面发展。

上级主管部门向相关单位下达绩效评价通知书，告知相关单位开展年度绩效评价工作。相关单位于接到通知后开始准备相关工作。

（二）成立评价工作小组和遴选专家

确定评价对象后，应成立评价工作小组，应根据被评价项目的特点选择小组成员，同时明确对工作小组成员的要求。评价工作小组成员需要熟练掌握绩效评价的政策规定、理论原理和具体方法，具备基本的财政财务管理知识，熟悉水利行业的背景、发展状况、技术及相关政策，满足评价工作对各方面专业知识的要求。评价工作小组负责整个评价工作的组织领导，要承担制定评价方案、确定评价对象、委托评价机构和实施评价工作等任务。整个评价过程的具体工作都由评价工作小组安排。评价工作小组有如下几种构成形式。

1. 内部评价组

内部评价组是由主管部门内部相关专业人员组成的评价组。内部评价组又根据评价单位构成的区别，分为自评项目、主管部门的评价和财政部门的评价。

（1）自评项目。针对自评项目组建内部评价组，需由主管单位联系与项目实施有关的部门，条件允许时还可增加本单位的内审机构，共同成立评价小组，同时明确牵头部门和相关人员的评价职责。

（2）主管部门的评价。当被评价项目涉及若干个子项目时，仅依靠内部评价组的力量是远远不够的，需本部门相关评价处室，条件允许时可联合本单位内审机构，通过联系子项目承担单位的负责人，共同成立评价组织机构。对于特别重要的大型评价项目，根据实际情况引入本部门的分管领导担任评价组织机构的总负责人，以指导整个评价过程的顺利进行。

（3）财政部门的评价。财政部门的评价构成比较单一，是由财政部门内部项目相关处室人员构成。当然也可根据项目的实际情况，邀请该项目的主管部门有关人员加入评价小组，使财政部门人员对整个项目的情况有更深刻的了解，也有助于评价实施的客观性。

2. 评价专家组

小组成员由项目单位、主管部门或财政部门组织挑选，同时也可在项目当地的绩效评价专家库中挑选。遴选专家时应至少遴选1位全程参与专家，至少1位绩效管理专家，担任专家组组长。成立由评价专家构成的小组最重要的原因就是希望通过第三方的介入，保证绩效评价过程和结果的客观性，使整个绩效评价的过程更加公开透明。此外，专家对于项目的了解较财政部门和主管部门更加翔实，在评价过程中能够提出更加专业的意见，进而提高绩效评价的效率和有效性，保证评价结果的科学性。

3. 中介机构

具有相应评价资质的社会中介机构也可作为绩效评价小组的成员，参与项目的评价过程。但对于中介机构的选择是有严格要求的，考虑到非专业中介机构对政府绩效评价认识不够，在开展绩效评价时会出现种种问题，中介机构应在中央或者地方的中介机构库中进行筛选，不能随意在社会上找寻第三方机构介入。中介机构在接受绩效评价工作后，也可以聘请相关领域的专家,组成评价专家组实施评价。

4. 部门、专家、第三方中介机构共同组成评价工作小组

该模式综合了上述三种模式的优势,适合水利系统部门整体支出绩效评价这样的大型重点项目。专家组和中介机构的引入,实质上都是财政部门为引导社会公众共同参与预算绩效评价工作,缓解财政部门的工作压力,确保绩效评价结果的客观公正所采取的相应措施。不论是采用协商方式委托还是招标的方式委托,这些第三方机构的参与都保证了绩效评价工作实施的灵活性,对全面推进绩效预算管理起到了积极作用。

此外,运用这种联合模式,有以下几点注意事项。一是评价工作小组组长由部门人员担任,副组长由绩效管理专家和第三方中介机构人员担任;二是中介机构应事先沟通好委托需求和初步方案,确定评价目的、内容、任务、依据、评价时间及要求等方面的情况。水利系统某单位在确定评价项目后,和第三方中介机构共同成立了评价工作小组,其中,财资处处长为组长,绩效管理专家和第三方中介机构负责人担任副组长,其他工作人员为小组成员。

二、评价实施阶段

评价实施阶段是水利系统部门整体支出绩效评价过程中最为核心的部分,它既需要编制评价工作方案、确定评价指标体系、收集审核资料,也需要开展部门自评,并针对整个部门支出的内容实施评价工作。

(一) 编制评价工作方案

评价工作小组根据有关规定要求和部门实际情况,在认真研究、充分准备的基础上拟定详细的绩效评价工作方案,并将其作为开展绩效评价的指南。评价工作方案应明确评价的方向、评价的重点、拟采用的评价方法、评价指标体系、评价工作进度安排及工作小组具体人员分工等。同时,评价工作方案要在专家指导下制订,由评价专家确认,并征求部门的意见。

方案设计后,要经评价工作小组的所有成员讨论或专家研究、论证,并根据专家的意见和建议,修改和完善评价方案。水利系统某单位部门整体支出绩效评价工作安排详见表8-3。

表 8-3 水利系统某单位部门整体支出绩效评价工作安排

阶段安排	工作内容		进度安排	参 与 方
准备阶段	制定工作方案:评价机构了解项目情况,制定评价工作方案,明确工作要求,确定评价工作小组成员		9月22日前	水利系统某单位 评价机构
	收集资料:向试点单位明确评价时间安排、需要配合的工作,同时收集、整理、汇总评价资料,了解各部门情况		11月15日前	试点单位 评价机构
	编写相关文本、准备资料	首轮提交文本及资料: 1. 试点单位提交绩效报告; 2. 试点单位按照资料清单要求准备相关资料,提交评价工作小组	11月17日前	试点单位 评价机构
		修改文本及补充资料: 1. 评价工作小组提出绩效报告修改意见,并反馈给试点单位进行修改; 2. 评价工作小组对资料进行审核,提出补充修改意见	11月18日前	试点单位 评价机构
		确定终版文本及资料: 1. 评价工作小组再次审核绩效报告,试点单位参照修改意见进行修改并定稿; 2. 试点单位按照补充修改意见完善资料,将终版资料提交评价工作小组,并签署资料确认单	11月22日前	试点单位 评价机构
	整理、分析资料:评价工作小组对所收集的资料进行整理、分析,就有关问题与试点单位核实		11月22日前	试点单位 评价机构
	组建专家组并培训:遴选相关业务、财务评价专家,组建评价专家组,并对工作人员和专家进行培训		11月22日前	评价机构
实施评价阶段	制定专家评价手册及项目评价指标体系:评价机构设计评分规则、专家评分意见表等文本资料,并与专家组、试点单位共同细化评价指标,明确指标权重和评价标准,制定单位整体支出绩效评价指标体系,并将评价指标体系报财资处审核		11月24日前	试点单位 评价机构 水利系统某单位
	专家现场评价:将试点单位资料提交专家;专家通过资料熟悉试点单位情况,在此基础上开展现场评价会议,核实项目执行情况,出具现场评价意见		12月2日前	试点单位 评价机构 水利系统某单位
	汇总意见:评价机构在现场评价的基础上,对试点单位的总体执行情况和经费使用情况进行整体评价,综合汇总管理、业务、财政财务专家评价意见		12月7日前	评价机构

(续)

阶段安排	工作内容	进度安排	参与方
成果形成阶段	撰写与审核报告：评价机构撰写试点单位的绩效评价研究工作报告，研究工作报告经评价机构三级审核后，送交财资处审核	12月20日前	评价机构 水利系统某单位
	报告征求意见：评价机构根据财资处的意见修改和完善报告后，将报告送交财资处征求意见	12月26日前	评价机构 水利系统某单位
	报送报告和资料：评价工作小组向财资处报送绩效评价研究工作报告，对试点单位评价过程中收集及形成的各种资料根据财资处的要求进行编辑整理，形成资料手册后报送财资处进行归档	12月30日前	评价机构 水利系统某单位

（二）启动工作

启动工作主要包括召开启动会、布置相关工作、开展相关业务培训等。要明确评价任务、时间安排、试点单位需要配合的工作以及工作要求等事项，以保证绩效评价工作顺利开展。首先，评价工作小组需要根据部门情况设计部门资料清单并提供给部门相关人员。其次，在启动工作过程中，要认真梳理、统计部门整体支出和各部门预算项目绩效目标完成情况，归纳、总结为实现绩效目标所采取的各项工作措施。最后，对被评价部门进行相关业务培训，培训内容主要包括：绩效评价相关概念、政策依据、基本情况介绍、流程安排、所需配合等。

水利系统某单位部门整体支出绩效评价入户安排详情如下。

（1）入户时间：201×年×月××日。

（2）入户地点：水利系统某单位。

（3）涉及单位：水利系统某单位本级、水利部人才资源开发中心。

（4）参会人员：×××、×××……

（5）入户目的：

1）介绍绩效评价工作目的和流程，明确绩效评价相关要求。

2）初步了解项目基本情况。

3）收集项目初步资料。

（6）日程安排，见表8-4。

表 8-4　绩效评价入户日程安排

时间	工作内容
14：00～14：10	评价工作小组、试点单位介绍双方与会人员
14：10～14：20	×××领导发言
14：20～14：50	1. 评价工作小组介绍绩效评价工作目的和流程； 2. 评价工作小组明确项目绩效评价工作时间安排、需试点单位配合的工作等； 3. 评价工作小组重点说明项目需准备的资料清单及绩效报告撰写要求
14：50～15：40	试点单位介绍项目情况，评价工作小组和试点单位就项目内容进行沟通、了解
15：40～16：30	初步收集项目相关资料

（三）确定评价指标体系

评价指标体系的确定是部门整体支出绩效评价流程的重要节点，也是绩效评价工作开展的基础。评价专家和评价工作小组人员需要共同编制评价指标体系，并可与评价部门商讨。评价指标体系的制定详情请参考本章第一节内容。此外，在确定评价指标体系时需注意：评价指标体系应包括完整的各级指标及权重，最末级指标应编制明确的评分标准，标准尽可能量化。

在前期收集材料的基础上，水利系统某单位绩效评价工作小组根据部门整体支出绩效评价工作要求及本单位特点拟定指标体系框架。其中，该单位本级部门整体支出绩效评价指标体系及打分情况表详见表 8-5。

（四）收集并审核绩效评价相关资料

根据评价项目的实际情况，评价单位要根据评价指标所需支撑资料要求，收集被评价对象与评价内容相关的数据资料，并对资料的真实性、准确性进行审核。在资料收集过程中，必要时还需到被评价对象现场收集资料，可采取勘察、问询、复核等形式。评价资料内容包括被评价对象的基本情况、财政资金的使用情况以及构建评价指标体系所需的数据等。整个收集资料的过程是围绕评价指标体系的构建进行的，最终是为评价结果服务的。

表 8-5 部门整体支出绩效评价指标体系及打分情况表

一级指标	分值	二级指标	分值	三级指标	分值	四级指标	分值	指标解释	计划标准值	实际完成值	评价标准	得分
投入	15	目标设定	12	绩效目标合理性	6	与国家法律法规、国民经济和社会发展总体规划的相符性	2	单位所设定的目标是否有国家的法律法规作为依据,是否符合国民经济和社会发展总体规划	—	—	完全符合的(有法律或规划依据没有违反相关规定的),得2分;较为符合的(没有明确规律、规划依据,没有或个别不符合的),得1~2分;符合情况较差的(多项目标不符合的),得0~1分	
						与单位职责、"三定"方案确定的职责的相符性	2	制定的目标是否同本单位的职责符合,是否符合国家关于"定岗、定编和定员"的规定	—	—	完全符合的,得2分;较为符合的,得1~2分;符合情况较差的,得0~1分	
						与年度工作任务的相符性,与现实需求的相符性	2	是否同本单位所制定的本年度工作任务以及中长期的规划符合	—	—	完全符合的,得2分;较为符合的,得1~2分;符合情况较差的,得0~1分	
				绩效指标明确性	6	可细化、可衡量程度、年度的任务数或计划数的明确性	3	依据绩效目标设定的绩效指标是否清晰、细化、可衡量等,用以反映和考核项目绩效目标的明细化情况	—	—	非常明确的,得3分;较为明确的,得1.5~3分;明确情况较差的,得0~1.5分	

(续)

一级指标	分值	二级指标	分值	三级指标	分值	四级指标	分值	指标解释	计划标准值	实际完成值	评价标准	得分
投入	15	目标设定	12	绩效指标明确性	6	与单位预算的匹配性	3	能否充分体现绩效目标,各绩效指标与关键目标值之间的关联度;是否与本单位所预算匹配,衡量指标是否与所能获得的资金相匹配,绩效指标涉及的工作内容与预算明细是否相符	—	—	完全匹配的,得 3 分;较为匹配的,得 1.5~3 分;匹配情况较差的,得 0~1.5 分	
		预算配置	3	在职人员控制率	3	在职人员控制率技术人员稳定率	3	年度在职人员控制率指标主要考核单位在职人员是否超编,同时将技术人员是否稳定作为一项考核依据。1. 在职人员控制率=(在职人员数/编制人员数)×100%。在职人员数,以财政部确定的单算编制单位核定批复的单机构编制单位核定批复的单位的人员编制数。2. 技术人员稳定率=(本年度技术人员数/上年度技术人员数)×100%。技术人员稳定率一般应≥90%	≤100%	100%	年度在职人员控制率≤100%,技术人员稳定率≥90%的,得 3 分;年度在职人员控制率≤100%,技术人员稳定率<90%的,得 1.5~3 分;年度在职人员控制率>100%的,得 0~1.5 分	

第八章 部门整体支出绩效评价管理

一级指标	分值	二级指标	分值	三级指标	分值	指标解释	标准值	实际值	评分标准
过程	20	预算执行 8		预算完成率	2	财政资金预算完成率			
				财政资金预算完成率	1.5	财政资金预算完成率=（财政资金预算完成数/财政资金预算数）×100%。实际完成的财政资金预算完成数：财政部门批复的本年度单位财政资金预算数。	100%	99.5%	财政资金预算完成率=100%的，得1.5分；财政资金预算完成率每减少1%，扣分为标准值的2%，扣完为止
				其他资金预算完成率	0.5	其他资金预算完成率=（其他资金预算完成数/其他资金预算数）×100%。实际完成的其他资金预算完成数：财政部门批复的本年度单位其他资金预算数	>50%	99.3%	其他资金预算完成率为50%～120%的，得0.5分；其他资金预算完成率≤50%或≥120%的，得0～0.5分
				预算调整率	1	年度预算调整率			
				年度预算调整率	1	预算调整率=（预算调整数/预算数）×100%，指单位在本年度内履行正式批复的情况。单位本年度预算调整数与预算数的比率，用以反映预算的调整程度。	≤10%	0	预算调整率为0的，得1分；预算调整每变动1%，扣0.1分，扣完为止；未经批准自行调整的，得0分

一级指标	分值	二级指标	分值	三级指标	分值	四级指标	分值	指标解释	计划标准值	实际完成值	评价标准	得分
过程	20	预算执行	8	支付进度率	2	财政资金支付进度率	2	单位实际支付进度与既定支付进度的比率，用以反映和考核单位预算执行的及时性和均衡性程度。支付进度率=（实际支付进度/既定支付进度）×100%。实际支付进度：由单位在年底的支出预算执行数与年度支出预算数的比率。既定支付进度：由单位在申报单位整体绩效目标时，参照序时支付进度、前三年支付进度、同级单位平均支付进度水平等确定的，在年底应达到的支付进度（比率）	年度支付进度率≥90%，且季度（或进度）支付符合序时	≥95%	年度支付进度率≥90%，且季度（或进度）支付符合序时的，得2分；年度支付进度率<90%，或季度（或进度）支付不符合序时的，得0分	
				结转结余变动率	1	结转结余变动率	1	结转结余变动率=[（本年度累计结转结余资金总额－上年度累计结转结余资金总额）/上年度累计结转结余资金总额]×100%	0	0.7%	结转结余变动率为0的，得1分；结转结余变动率为0～10%的，得0～1分	

一级指标	分值	二级指标	分值	三级指标	分值	指标说明	指标值	评分标准
预算管理	7	公用经费控制率	1	公用经费控制率	1	单位本年度实际支出的公用经费总额与预算安排的公用经费总额的比率，用以反映和考核单位对机构运转成本的实际控制程度。公用经费控制率=（实际支出公用经费总额/预算安排公用经费总额）×100%	80%~100%	公用经费控制率为80%~100%的，得1分；公用经费控制率>100%或<80%的，得0~1分
		政府采购执行率	1	政府采购执行率	1	单位年初政府采购预算金额与实际政府采购金额的比率，用以反映政府采购预算执行情况。政府采购执行率=实际政府采购数（金额）/政府采购预算×100%；政府采购预算：采购机关根据事业发展计划和行政任务编制并经过规定程序批准的年度政府采购计划	≥95%	政府采购执行率≥90%的，得1分；政府采购执行率<90%的，得0分
		管理制度健全性	2	制定或具有合法、合规、完整的管理制度	2	单位为加强预算管理、规范财务行为、业务行为而制定的管理制度是否合法、合规、完整，用以反映和考核单位预算管理制度对完成主要职责或促进事业发展的保障情况	—	制度合法、合规、完整的，得2分；制度合法、合规，但内容尚有缺漏的，得1.5~2分；制度合法，但合规性较差的，得1~1.5分；制度内容与相关法规有冲突的，得0~1分

（续）

一级指标	分值	二级指标	分值	三级指标	分值	四级指标	分值	指标解释	计划标准值	实际完成值	评价标准	得分
过程	20	预算管理	7	资金使用合规性	4	资金使用的合规性	2	单位使用预算资金是否符合相关的规定、规范,手续是否齐全,反映和考核单位预算资金的规范运行情况	—	—	资金使用合规的,得2分;资金使用较为合规的,得1~2分;资金使用不够合规的,得0~1分;根据检查发现的性质和频率进行判断	
						资金支出与预算批复、实施方案的相符性	2	单位资金支出是否符合预算批复资金使用范围,用以复核考核预算支出与预算的相符性	—	—	资金支出与预算批复相符的,得2分;资金支出与预算批复较为相符的,得1~2分;资金支出与预算批复不够相符的,得0~1分;根据检查发现的性质和频率进行判断	
				基础信息完善性	1	基础信息的真实性、基础信息的完整性、准确性	1	单位基础信息是否真实,是否存在虚假反映情况。单位基础信息是否完整、准确,用以反映和考核基础重要信息的真实、准确性情况	—	—	基础信息真实、完整、准确的,得1分;存在虚假信息的,不够完整准确的,得0~1分;根据检查发现的性质和频率进行判断	

一级指标	分值	二级指标	分值	指标解释	评价标准	指标值	评分标准
资产管理	5	制定或具有合法、合规、完整的管理资产制度	1	单位为加强资产管理行为而制定的管理制度是否合法、合规、完整，用以反映和考核单位资产管理或完成主要职责或促进事业发展的保障情况	—	—	制度合法、合规、完整的，得1分；制度合法、合规，但内容不够完整的，得0.5~1分；制度内容与相关法规有冲突的，得0~0.5分
		资产配置、使用、处置的合规性	1	单位的资产是否保存完整，配置合理，使用规范，用以反映和考核资产日常使用的规范性	—	—	资产配置、使用、处置合规的，得1分；资产配置、使用、处置存在违规情况的，得0~1分；根据检查发现的性质和频率进行判断
		资产财务管理的合规性	2	单位资产收入是否足额及时上缴，资产账实是否相符，用以反映和考核资产财务管理的合规性	—	—	资产财务管理合规的，得1分；资产财务管理不合规的，得0~1分；根据检查发现的性质和频率进行判断
		固定资产利用率	2	用以反映和考核单位固定资产使用效率程度。固定资产利用率=(实际在用固定资产/所有固定资产)×100%	≥95%	≥95%	固定资产利用率≥95%的，得2分；固定资产利用率<95%的，得0~2分

（续）

一级指标	分值	二级指标	分值	三级指标	分值	四级指标	分值	指标解释	计划标准值	实际完成值	评价标准	得分
产出	40	职责履行	40	实际完成率	19	常规工作完成率	4	单位履行职责而实际完成的工作数与计划工作数的比率，用以反映工作和考核单位履职工作任务目标的实现程度。常规工作的内容包括办公室、党群办、人教处、监察处、财资处、计划处、总工办、机械处、景区办9个科室的人员编制控制管理、机构运行管理及年度工作的完成情况	100%	100%	所有工作100%完成的，得4分，否则，按工作实际完成比率计算；有正当理由和规范调整手续的，调整绩效目标后计算，无正当理由和规范调整手续而未完成工作任务的，按评分标准计算	
						重点项目工作完成率	15	完成考核省市数量	31个		单项项目（指标）完成率=100%的，得1分；单项项目（指标）完成率<100%，有客观理由而且调整手续完整的，得0~1分	
								完成标准征求意见稿	1份			
								指导省级水生态文明城市建设试点数量	≤20个			
								国家水利风景区地准数量	≥30家			
								突发水污染事件风险信息库数量	≥6个			
								全国重要饮用水水源地管理和调研数量	≥175个			
								地下水开发利用监督检查	≥3次			
								运行维护系统数量	≥2个			
								高耗水用水定额和合同节水国家标准数量	9项			

第八章 部门整体支出绩效评价管理

一级指标	分值	二级指标	分值	三级指标内容	指标值	完成值	评分标准
完成及时率	11	完成及时率	6	水资源监控系统省级项目技术评估现场检查省份	≥16个		完成及时率≥95%的,得6分; 完成及时率为85%~95%的,得3~6分; 完成及时率为70%~85%的,得0~3分; 完成及时率<70%的,得0分 单项项目(指标)完成率<100%,无客观理由,无调整手续的,得0分
				印制取水许可证套数	≥10万套份		
				水资源论证监督检查单位数量	≥10个		
				设计水资源监控系统中只平台业务模块	13个		
				编辑印制水文化书籍数量	3本		
				硬件维护	≥12次		
				对常规工作按内控时间节点要求评价,对项目按实施方案时间节点评价;分别评价,加权计算完成及时率	≥95%	100%	
质量达标率	11	常规工作完成质量	3	常规工作是否达到质量标准值,用以反映和考核单位履职履责质量目标的实现程度。包括办公室、党群办、监察处、财资处、计划处、总工办、机械处、景区办9个科室的人员工作完成标准	≥90分	92分	达到既定标准的,得3分; 较好达到既定标准的,得1.5~3分; 不达标的,得0~1.5分

(续)

一级指标	分值	二级指标	分值	三级指标	分值	四级指标	分值	指标解释	计划标准值	实际完成值	评价标准	得分
产出	40	职责履行	40	质量达标率	11	重点项目质量达标率	6	相关报告及书籍通过内部专家验收	是		通过验收,得1分;未通过验收,得0分	
								国家水利风景区现场评价与复查结果	描述清楚,结论合理		通过验收,得1分;未通过验收,得0分	
								重要水源地等监督检查	满足最严格水资源制度考核工作要求		符合标准,得1分;不符合标准,得0分	
								水资源论证、取水许可监督检查	覆盖面广、代表性强,深入透彻		符合标准,得1分;不符合标准,得0分	
								设计的水资源至系统中央平台是否符合行业标准	是		符合标准,得1分;不符合标准,得0分	
								系统平均无故障运行时间	≥5000h		无故障运行时间≥5000h的,得1分;无故障运行时间≥4000h且<5000h的,得0.5分;无故障运行时间<4000h的,得0分	

第八章 部门整体支出绩效评价管理

一级指标		二级指标		三级指标		指标解释	标准值		评分标准
履职效果	25	效果	25	重点工作结率	4	安全生产	2	用以反映和考核单位安全生产情况	无重大事故	无重大事故	无重大事故,得2分;项目质量达标的,得2分;项目质量不达标的,得0分
						列支重点工作	4	部门(单位)年度重点工作实际完成数与交办或下达数的比率,用以反映部门(单位)对重点工作的办理落实程度。重点工作办结率=(重点工作实际完成数/交办或下达数)×100%。重点工作是指有关司局、公文系统交办或下达的工作任务	≥95%	100%	重点工作办结率=100%的,得4分;重点工作办结率<100%的,得0分
				经济效益	5	国有资产保值增值率	2	用以反映国有资产保值增值情况	100%		效果明显的,得2分;效果较明显的,得1~2分;效果不够明显的,得0~1分
						减少排入自然界污染物促进节省治理成本	3	用以反映达到减少排入自然界污染物促进节省治理成本的效果	≥1亿元		效果明显的,得3分;效果较明显的,得1.5~3分;效果不够明显的,得0~1.5分
				社会效益	8	保障水利部重点工作、中心工作顺利实施	2	用以反映对水利部重点工作和中心工作的保障作用			保障作用明显的,得2分;保障作用较明显的,得1~2分;保障作用不够明显的,得0~1分

（续）

一级指标	分值	二级指标	分值	三级指标	分值	四级指标	分值	指标解释	计划标准值	实际完成值	评价标准	得分
效果	25	履职效益	25	社会效益	8	规范和推动水利风景区建设	2	用以反映工作对于规范和推动水利风景区建设的效果			效果明显的，得 2 分；效果较明显的，得 1～2 分；效果不够明显的，得 0～1 分	
						通过开展水文化建设工作在水利行业知晓率	2		≥80%		知晓率≥80% 的，得 2 分；知晓率≥60% 且<80% 的，得 1～2 分；知晓率<60% 的，得 0～1 分	
						提高职工技术素养	2	用以反映工作对于提高职工技术素养的效果			效果明显的，得 2 分；效果较明显的，得 1～2 分；效果不够明显的，得 0～1 分	
						保护水资源安全	2	用以反映保护水资源安全的效果影响			效果明显的，得 2 分；效果较明显的，得 1～2 分；	

一级指标	权重	二级指标	权重	指标说明	目标值	评分标准
生态效益	6	增加非常规水源利用总量	2	用以反映非常规水源利用总量的支撑数据	≥50 亿m^3	效果不够明显的,得0~1分
		提高饮用水水质,维护水域功能	2	用以反映地下水资源保护与利用的效果影响		能够充分证明影响良好的,得2分;间接证明影响良好的,得1~2分;不能证明影响良好的,得0~1分
社会或公众服务对象满意度	6	上级单位满意度	3	反映水利部各司局对年度工作的满意程度	≥95% 100%	问卷调查满意度≥95%的,得3分;问卷调查满意度≥80%且<95%的,得1.5~3分;问卷调查满意度<80%的,得0~1.5分
		所属企事业单位满意度	3	所属企事业单位对年度工作的满意程度	≥95% 100%	问卷调查满意度≥95%的,得3分;问卷调查满意度≥80%且<95%的,得1.5~3分;问卷调查满意度<80%的,得0~1.5分

水利系统某单位在部门整体支出绩效评价中，绩效评价工作小组及时开展评价资料的收集和审核，需收集和审核的资料主要包括以下几方面内容。

1. 单位决策方面的资料

单位决策方面的资料包括反映部门职能的相关文件、与部门职能有关的中长期发展规划（单位事业发展规划和专项业务规划）、当年部门工作计划及重点、上级主管部门的预算批复文件等。

2. 单位管理方面的资料

单位管理方面的资料包括内部处室及二级单位设置情况及其职责分工情况、部门相关管理制度，按照相关管理制度执行所形成的与主要业务活动相关的文件、材料等记录文件，部门账页、凭证等财务资料。

3. 单位绩效方面的资料

单位绩效方面的资料包括当年度部门决算表、部门整体支出绩效报告、与部门绩效目标完成情况对应的产出正面材料、公开的网络群众意见及相关问卷调查等反映服务对象满意度的材料等。

4. 单位主要项目绩效材料

单位主要项目绩效材料包括项目投入资料、项目过程资料和项目绩效资料。

由于评价对象是部门整体支出绩效评价，因此需要单位重点准备单位整体支出资料和重点项目资料。例如，水利系统单位整体支出绩效评价资料准备清单详情如下。

水利系统单位整体支出绩效评价资料准备清单

一、决策方面

1. 反映部门职能的相关文件。

2. 与部门职能有关的中长期发展规划（单位事业发展规划和专项业务规划）。

3. 201×年部门工作计划及重点。

4. 201×年度部门整体支出绩效目标申报表。

5. 反映决策标准和程序的相关制度、流程。

6. 上级主管部门的预算批复文件。

7. 项目内容调整和预算调整的相关申请及批复资料（如相关文件、会议纪要、领导批示、专家评审记录等）。

二、管理方面

1. 内部处室设置情况及其职责分工情况。

2. 各处室人员配备、岗位设置及职责确定情况。

3. 部门相关管理制度。

(1) 部门业务、绩效、内控等相关管理制度。

(2) 部门财务和资产管理制度。

4. 部门（单位）主要业务专项管理制度以及业务流程、规定、服务标准等。

5. 按照相关管理制度执行形成的与主要业务活动相关的文件、材料等记录文件，如支出进度月报、旬报、审批单据材料、会议纪要和会签材料等。

6. 部门账页、凭证等财务资料。

7. 审计、监察等资料。

三、绩效方面

1. 201×年度部门决算表。

2. 单位整体支出绩效报告（需盖章）。

3. 与部门绩效目标完成情况对应的产出正面材料，如值班记录、监测记录、监测报告等。

4. 反映部门整体绩效的其他材料，如部门主要工作的实施形成的相关社会效益、经济效益对比数据（与部门相关工作实施前的对比），新闻媒体的相关报道材料（包括网络、报纸、电视新闻）及上级的表彰材料等。

5. 公开的网络群众意见及反馈情况、相关问卷调查等反映服务对象满意度的材料。

四、单位主要项目绩效材料

填写预算执行明细表（见表8-6），并提供下列材料。

表 8-6 预算执行明细表　　　　　　　（单位：万元）

序　号	内　容	预　算　数	实际支出数	备　注
一	基本经费			
二	项目经费			
1	项目1			
2	项目2			
3	项目3			
⋮	⋮			
	合计			

(一) 项目投入资料

1. 项目立项背景及发展规划。
2. 项目申报书。
3. 项目可行性研究报告。
4. 项目立项评审报告。
5. 专家论证意见。
6. 项目立项预算批复文件。
7. 上级主管部门批复的财政支出绩效目标表。
8. 向下一级单位批复的绩效目标表。
9. 项目内容调整和预算调整的相关申请和批复文件（与上下级单位之间）。

(二) 项目过程资料

1. 项目实施方案。
2. 项目管理制度。
3. 项目相关业务领域管理制度。
4. 与项目执行相关的部门或单位内部财务管理制度。
5. 反映项目组织实施过程的相关资料。例如，项目培训资料、项目招投标文件、项目执行过程中签订的外包合同或协议、工程项目的设计施工图样、监理合同和监理报告等。
6. 项目管理记录材料。如监督检查记录、照片及审批、审核记录等。
7. 反映项目预算执行的会计凭证及会计账簿（支出明细账）。

(三) 项目绩效资料

1. 项目绩效报告。
2. 项目经费决算表。
3. 委托业务费对照表。
4. 反映项目完成情况的证据资料。即反映产出目标完成情况的有关资料，包括反映产出数量、质量、时效和成本等有关情况的证据资料。重要的是应能够客观地证明项目产出目标的完成情况。例如，有关专业机构的认定证明、项目完工验收报告、科研课题过程稿、结题报告、项目施工或完工实景图片、采购设备入库记录等。

5. 反映项目实施效果的证据资料。即反映项目效果目标完成情况的有关资料。重要的是应能够客观地证明项目效果目标的实现情况，最好是能够量化地反映项目效果的实现情况。例如，反映项目实施效果的有关经济数据、业务数据、发表论文、申请专利与专利授权、获奖情况、服务对象调查问卷、项目实施效益与历史数据对比、成本合理性分析等。

6. 反应对象满意度的资料。例如，公开的网络群众意见及反馈情况、相关问卷调查等反应服务对象满意度的材料。

7. 新闻媒体的通讯报道。包括网络、报纸、电视新闻等。

相关资料的收集方式有如下几种形式。第一，数据填报。收集资料最基本的方式就是向被评价单位发放基础数据表，要求相关部门或项目实施单位如实填报信息。这种方式需要被评价部门或单位有较强的责任意识并对信息的真实性和完整性负责，但一般还需有其他辅助方式同时进行。第二，实地勘察。这是目前进行绩效评价最经常使用的资料收集方式，评价机构和人员会深入被评价单位了解项目的具体情况，包括管理制度是否健全、责任机制是否完善以及财政资金的拨付使用情况等内容。这种方式弥补了单一数据填报的不足，是保证绩效评价真实性的重要举措，对评价机构和人员提出了更高的要求。第三，问卷调查。采用问卷形式对项目的某些定性内容进行评价，是扩大评价群体范围、提高评价全面性的一种方式。具体实施调查时，要针对项目的某些评价指标，由评价机构直接发放问卷，收集更广泛群体的意见，最后再由评价工作小组成员亲自收回问卷，避免被评价机构人员参与此过程。问卷的发放范围和数量由评价机构根据项目的实际情况确定。第四，听取汇报。被评价单位需要汇报项目的绩效目标设定和实施情况、组织管理制度的建立和落实情况、财政资金的使用情况和财务管理状况、项目产生的各方面效益等内容，并通过书面或会议的形式进行总结。实施评价的成员可提出项目存在的问题，并相应提出解决措施和对策建议，以供被评价单位参考。

此外，对于不同来源的资料收集有不同的要求。对于能够由部门提供的资料，需要将资料清单提供给部门，要求部门限期提供。对于来自利益相关者的观点，需要设计访谈内容，制定访谈计划，抽取必要数量的利益相关者进行访谈，填制访谈问卷；对于利益相关者人数众多的情况，需要设计调查问卷，进行问卷调查。对于具体项目的产出目标完成情况，需进行现场检查或测量。对于不同类型的内容应全面检查，其中如果需检查内容较多，则可进行抽查。部门评价时，不需要对每个项目收集一整套资料，关键是要收集每个项目的目标完成情况和预算执行情况。

评价资料收集完整后，应将评价工作小组、被评价单位以及其他相关部门机构提供的资料进行整合筛选，由评价人员通过寻找相关资料佐证或是实地调查的方式，进一步确认资料的真实性，并对已有内容进行补充。同时资料的审核过程也可贯穿于资料的收集过程，不必作为一个独立环节存在，可依据实际情况进行调整。

（五）部门自评

为确认绩效目标完成情况，预算部门需要开展部门自评工作。被评部门可根据部门实际情况和绩效目标完成情况，编写绩效报告，或用工作总结代替。绩效报告的具体内容包括部门职能和机构设置情况、部门资金资产情况、部门绩效目标和绩效指标设定情况、部门决策及资金管理使用情况、为实现目标所制定的制度和采取的措施、绩效目标完成情况、绩效目标未完成情况及分析等。此外，在绩效报告中要写明绩效目标未完成的项目情况，并分析问题存在的深层次原因。最后，评价工作小组对绩效目标和绩效报告进行审核。

（六）成立评价专家组，并与专家沟通

在资料基本充分后，评价工作小组会同专家组长遴选其他专家，成立评价专家组。专家组成员应包括绩效管理、财政管理、财务、行业管理等方面的专家。专家组成立后，应通过座谈、现场调研等具体形式，帮助专家了解评价对象的情况。在此期间，专家可以提出应进一步补充的资料，评价工作小组及时收集有关资料。此外，每位专家应根据了解的部门整体支出情况独立出具书面评价意见（含提出的疑问），填写至工作底稿。

（七）组织专家预备会和专家评价会

对资料进行收集和审核后，评价工作小组需要组织召开专家预备会和正式评价会，每位专家根据了解的部门整体支出实施绩效情况出具书面评价意见，被评价单位须回避。专家预备会和正式评价会的具体流程包括以下几个方面。

　　首先，评价工作小组需要在预备会上向专家介绍专家工作规则及绩效评价专家评价会会议议程，并介绍绩效评价工作的流程、专家打分过程等专家需要注意的事项；同时向专家介绍项目评价经过、评价情况及中期工作情况报告内容，提出初步评价意见。其次，专家根据所了解和掌握的情况，初步确定专家评价会质询问题，对评价项目形成初步结论。然后，在评价会上专家质询后，专家组组长应请被评价单位参会人员暂时退场，专家组经内部讨论形成统一意见后反馈给项目单位，再进行专家个人打分，出具最终意见。同时，专家填写《财政支出绩效评价专家评价书》，其中需填写分值及扣分原因（满分和减分都需注明原因），填写后由评价工作小组审核；专家组组长填写《专家意见汇总书》，经工作组审核、会商专家组成员同意后，由专家组组长和评价工作小组负责人签字确认。

　　部门整体支出绩效评价实施百分制和四级分类。四个级别分别是：优秀 [90分（含）以上]、良好 [75分（含）~90分]、一般 [60分（含）~75分]、较差 [60分以下]。绩效评价为一般或较差的，将扣减一定比例的部门预算。

　　最后，评价工作小组收集每位专家填写的相关评价资料，专家填写资料交接清单，专家评价会结束。

三、评价结果形成阶段

　　评价结果形成阶段主要包括撰写绩效评价报告、反馈评价报告并征求意见、根据反馈意见修改评价报告、经审核后出具评价报告和整理归档五个环节。

（一）撰写绩效评价报告

　　评价报告的撰写过程，实际上就是将评价工作转化为文字，将整个绩效评价过程中所掌握的情况以及收集的资料数据进行整理，重点突出项目的执行情况、最终绩效评价结果以及专家组的评价意见等内容，按照固定的格式和要求，撰写评价报告。绩效评价报告应当包括：部门职能、绩效目标、资金、资产情况；评价工作组织实施情况；绩效评价的指标体系、评价标准和评价方法；部门整体支出的绩效目标实现情况，为确保实现绩效目标而采取的控制措施，资金的产出及效果分析；评价结论；其他需要说明的问题等。绩效评价报告应做到内容完整、真实准确、章节分明、依据充分、论证合理、重点突出、页码和目录齐全。绩效报告撰写格式详见本章第三节。

(二) 反馈评价报告并征求意见

评价报告初稿完成后,第三方中介机构召开包括财政部门、委托方、被评价单位、相关专家等相关单位和人员参加的征求意见会,对评价报告的完整性、合理性、充分性、逻辑性等征求意见。相关单位和人员提出对评价结果有重大影响的意见时,应提交书面说明。

(三) 根据反馈意见修改评价报告

第三方中介机构根据财政部门、委托方、被评价单位、相关专家等相关单位和人员提出的反馈意见对评价报告进行修改和完善。

(四) 经审核后出具评价报告

委托方应当对提交的评价报告进行再次审核,主要审核以下几个方面。①报告是否规范、内容是否完整;②数据是否真实可靠,是否进行了必要的核实工作;③指标体系是否健全,绩效总结分析或绩效评价的范围是否全面;④逻辑是否清晰,分析问题是否透彻;⑤评价结论是否客观、准确、充分;⑥改进措施是否得当,建议是否可行等。

第三方中介机构将审核通过的报告定稿,并出具正式版评价报告报送项目单位及委托方。

(五) 整理归档

绩效评价报告完成后,应妥善保管并建立完整的工作记录和档案,编制资料手册。此外,绩效评价报告提交后,部门也应针对绩效评价发现的问题,认真落实整改。落实整改情况将作为再评价的一项重要内容。

以水利系统某单位本级部门整体支出绩效评价报告为例,其结论详情如下。

水利系统某单位本级201×年度部门整体支出绩效评价综合得分95.60分,综合绩效评定结论为"优秀"。

投入方面,分值15分,评价得分15.00分。该单位本级年度总体绩效目标明确、合理,绩效指标较细化量化,关键目标值与本年度预算相匹配;单位预算配置方向明确,项目支出占比较高,单位财政资金投向以完成单位主要工作为核心。

过程方面，分值20分，评价得分18.30分。该单位本级基本能够按照预算执行，各项指标控制情况较好，单位有较健全的预算资金管理制度，资金管理基本合规，单位资产管理制度完善，资产能够有效利用，资产处置基本合规。但是项目预算执行存在一定差异，基本经费结余结转变动率大于0，单位管理制度不够健全。

产出方面，分值40分，评价得分40.00分。该单位本级201×年职责履行情况较好，各项任务完成率均达到100%，各项指标完成较及时，进度合理，各项职责完成的质量达标情况较好。

效果方面，分值25分，评价得分22.30分。该单位本级201×年通过各项工作任务，产生了一定的经济效益、社会效益和生态效益，服务对象的满意度较高。但由于该单位效益绩效证明材料较难收集，现有资料尚不能充分证明单位绩效实现情况。

第三节　部门整体支出绩效评价报告的撰写格式

部门整体支出绩效评价报告是按照规定的格式，将评价过程中掌握的部门相关信息进行分析和归纳，从而对部门所有财政资金的投入效益做出客观公正的判断，为决策提供依据的一种书面报告。一个完整的部门整体支出绩效评价报告，可以使人们对一个部门的预算安排实施情况有全面的了解，为管理决策提供重要依据。部门整体支出绩效评价报告的格式虽在细节上各有差异，但主要内容还是基本一致的。评价报告的不同部分分别反映整个绩效评价过程的不同阶段。对于报告使用者来说，充分利用报告中的信息，可以详细了解部门预算的具体情况，从而做出最有利的决策。一份完整的绩效评价报告应包含如下几部分内容。

一、部门概述

部门概述包括部门职能、机构设置、绩效目标、部门预算资金安排、部门资产等情况。在对部门概述进行描述时，一般部门会大篇幅地对部门的发展情况进行描述，而忽略被评价项目本身的一些具体内容，造成文字的赘述。因此，一份合格的部门概述应针对部门的实际情况，将单位规划和发展中与之相关联的部分进行提取，形成综合性的描述报告。除此之外，还需对部门的预算情况进行说明，涉及内容包括项目的实施依据，项目的基本内容和实施范围。这些基本描述是对整个项目的高度总结，要求内容详尽简练，表达简单；项目的可行性和必要性的论证，需要严密的逻辑阐述；项目绩效目标，包括总目标和阶段性目标；预期的投入和效益，这是对整个项目最终结果的验收，需要统计全部预期成本和项目带来的经济、政治和社会各方面的效益。项目的立项情况直接关系到后续工作实施的效果，同时也是绩效评价报告中的重要环节，需要引起报告撰写者和使用者的关注。

二、评价工作简述

部门整体支出绩效评价工作过程的描述，主要涉及评价指标和评价方法的选用，以及现场勘查和核实的情况。其中，评价指标和评价方法部分不仅是报告的核心内容，也是整个绩效评价工作的重中之重。选择合适的评价方法，结合项目制定个性指标，并使用共性指标实现项目的可比性，是评价工作得以良好实施的必要保证。同时，对项目的评价不能仅仅停留于材料分析，还需深入到项目现场进行考察，以充分了解现实存在的问题，提出工作建议，保障项目评价的质量和项目的预期成果。

三、总结评价结论

在项目实施过程中，需要适当地进行考察，并将有关内容计入评价报告以供参考，包括项目实施进度、预期目标的完成情况以及为更好地完成绩效目标而做出的各项调整。除了对项目本身内容做出描述，在评价过程中还应当对项目管理者做出报告，以对管理者的工作和能力进行考核，进而激励管理者通过多种途径完善绩效管理工作。

四、绩效管理和实现过程分析

项目实施单位对整个项目实施过程进行充分参与后，需针对绩效目标的完成情况，提交绩效评价报告至主管部门或单位，并将其作为整个项目汇报的一部分。自我评价部分与财政部门和预算部门的评价结构相似，包括资金使用情况，预算完成情况，项目的实施、管理和验收情况，以及各项指标的实现情况等。自我评价实际上就是实施单位对自身项目工作的总结，同时也是对单位评价能力的考核，要求项目单位实事求是，既要正视自身的缺陷和不足，也要擅于寻找优势，以更好地实现绩效目标。自评报告撰写完成后，还需附上相关材料并上交，以作为整个评价报告中的补充内容。

五、存在的主要问题及相关建议

存在的主要问题部分的撰写需从投入、过程、产出、效果等方面进行总结，对分析中提出的问题点进行归纳整理，提炼核心问题将其作为标题并进行重点论述。问题的归纳不宜过多（四点以内）。问题论述需分清主要矛盾和次要矛盾，表象问题可作为核心问题的具体反映一笔带过。论述需简明扼要，详细情况应在分析中加以说明，文字表述需做到精简、指向明确。

报告中相关建议部分的撰写需针对存在的主要问题提出相应的解决办法及建议。建议论述要体现管理思路，从宏观到微观，需兼顾"高度"和可操作性。对于问题较多的，建议合并阐述，文字表述需做到精简，表达准确。

六、其他需要说明的问题

该部分内容需结合部门整体支出绩效评价实际开展情况，主要阐述评价过程或报告撰写过程中存在的需要特别说明的相关问题，如数据方面的问题等。如果没有需要说明的问题，则该部分内容可不写。

七、附表

部门整体支出绩效评价报告的附表主要包括部门××××年度收入支出情况决算表（见表8-7）、部门整体支出绩效目标完成情况对比表（见表8-8）、部门整体支出绩效评价指标体系及打分情况表（见表8-5）等。附表的内容及数据为部门整体支出绩效评价报告提供支撑。

表8-7 部门×××年度收入支出情况决算表

部门名称：　　　　　　　　　　　　　　　　　　　　　　　　　　　　　　　　　　（金额单位：万元）

收入				支出				支出			
项目（按功能分类）	栏次	行次	决算数	项目	栏次	行次	决算数	项目（按经济分类）	栏次	行次	决算数
	1		1		2		2		栏次		3
一、财政拨款		1		一、一般公共服务		37		一、基本支出和项目支出		60	
其中：政府性基金		2		二、外交		38		工资福利支出		61	
二、上级补助收入		3		三、国防		39		商品和服务支出		62	
三、事业收入		4		四、公共安全		40		对个人和家庭的补助		63	
其中：财政专户管理资金		5		五、教育		41		对企业事业单位的补贴		64	
四、经营收入		6		六、科学技术		42		赠予		65	
五、附属单位缴款		7		七、文化体育与传播		43		债务利息支出		66	
六、其他收入		8		八、社会保障和就业		44		基本建设支出		67	
其中：本级横向财政拨款		9		九、医疗卫生		45		其他资本性支出		68	
非本级财政拨款		10		十、节能环保		46		贷款转贷及产权参股		69	
		11		十一、城乡社区事务		47		其他支出		70	
		12		十二、农林水事务		48		二、上缴上级支出		71	
		13		十三、交通运输		49		三、经营支出		72	
		14		十四、资源勘探电力信息等事务		50		四、对附属单位补助支出		73	
		15		十五、商业服务业等事务支出		51				74	
		16		十六、金融监管等事务支出		52				75	
		17		十七、地震灾后恢复重建支出		53				76	

第八章 部门整体支出绩效评价管理

序号	项目		序号
18	十八、援助其他地区支出		77
19	十九、国土资源气象等事务		78
20	二十、住房保障支出	54	79
21	二十一、粮油物资储备事务	55	80
22	二十二、国债还本付息支出	56	81
23	二十三、其他支出	57	82
24	本年支出合计	58	83
25	结余分配	59	84
26	缴纳所得税		85
27	提取职工福利基金		86
28	转入事业基金		87
29	其他		88
30	年末结转和结余		89
31	基本结转和结余		90
32	其中：财政拨款结转和结余		91
33	项目支出结转和结余		92
34	其中：财政拨款结转和结余		93
35	经营结余		94
36	总计		95

（左侧栏目：本年收入合计、用事业基金弥补收支差额、上年结转和结余、基本支出结转和结余、其中：财政拨款结转结余、项目支出结转和结余、其中：财政拨款结转结余、经营结余、总计）

表 8-8　部门整体支出绩效目标完成情况对比表

部门名称：　　　　　　　　　　　　　　　　　　　　　　　　年度：

指标内容			计划内容	实际完成情况
部门（单位）绩效目标				
绩效指标	一级指标	二级指标	具体指标	已落实情况
	产出指标	（产出指标一）		
		（产出指标二）		
		（产出指标三）		
		……		
	效果指标	经济效益指标		
		社会效益指标		
		生态效益指标		
		可持续影响指标		
	满意度指标	服务对象满意度指标		

第四节 深化部门整体支出绩效评价管理的措施

绩效评价是绩效管理的有效手段和重要内容，由始至终贯穿预算绩效管理的进展与过程，并促进了预算绩效管理的全面发展。目前，绩效评价已由最初的试点变成了全面推开，由单一的评价功能扩展到系统性的管理功能。在现阶段，要继续加大绩效评价的力度，着力提升绩效评价的质量，建立健全有效的绩效评价机制，完善信息系统建设，推进绩效评价不断深化。

一、实施"扩面增点"工程，着力推进绩效评价的全覆盖和重点突破

要进一步加大绩效评价的广度和深度，形成全面评价和重点评价相结合的"点深面广"格局。一是扩大绩效评价范围和规模，不断增加进行绩效评价的部门数量和项目数量，促进开展绩效评价的资金总量占本级财政支出的比例、占本部门财政支出的比例、占转移支付资金的比例有大幅度提高，推动预算绩效评价"全面开花"。二是加大实施重点评价的力度，以部门整体支出、重大民生项目以及财政政策、财政支出结构涉及的重点项目、重点领域为切入口，实施重点评价，重视项目或政策中长期效果的影响评价，促进绩效评价"重点结果"。

二、加大对第三方评价力量的培育和引入，完善多元化评价管理格局

进一步构建预算部门（单位）绩效自评、财政部门实施重点评以及引入第三方中介机构评价相结合的多元化评价体系，提高绩效评价的科学性和公信力，强化对绩效评价的外部制约。随着预算绩效管理工作的逐步深入，绩效评价要由以财政部门、预算部门为主逐步转向探索引入第三方评价力量，加大第三方评价的比重和工作力度。原则上，凡不涉及国家秘密的财政支出均可引入第三方力量，实现由财政部门主导、主管部门推荐第三方机构参与评价的模式，向市场公信力导向选择的第三方评价力量独立自主实施评价转变。在这一过程中，应加强对社会中介机构市场的培育，

推动绩效评价机构资质认证，规范社会中介机构参与绩效评价的门槛、做法和标准；同时，第三方评价机构要适当征询公众、人大代表和政协委员等方面的意见，提高公众在绩效评价上的参与度，构建绩效评价的民意基础。

三、健全绩效评价指标体系，夯实绩效评价管理的基础

建立科学合理的绩效评价指标体系是有效测度绩效的关键。财政支出效益的外部性、支出内容的多样性、支出范围的多元性等特点，决定了财政支出绩效评价指标建设的复杂性，加大了评价指标建设的难度。目前，是否能建立一套科学完整的绩效评价指标体系，已成为当前制约绩效评价深入开展的一个迫切问题。要加快对绩效评价指标的研究设计和修订补充，体现多层次性、多角度性的特征，注重系统性、完整性、导向性的指导原则，构建一套指导全国的统一、科学的评价指标体系，逐步形成涵盖各项支出、各个环节，符合目标内容，突出绩效特色、细化量化的绩效评价指标，使之既能反映财政资金规模水平和财政资金适度水平，又能反映预算管理水平和财政支出结构，既要包括"质"，又要体现"量"，进而促进绩效评价工作的开展和质量的提高。在推进绩效评价指标体系建设时，要重点体现简约、实用的原则，用相对清晰、简洁的指标反映预算绩效的主要方面，避免带来操作上的复杂性，同时要紧紧围绕效度标准和信度标准，形成管用有效的评价指标。所谓效度标准，就是评价的有效程度，主要是指评价结果与绩效目标的符合程度以及与评价指标的相关程度。如果效度太低，则绩效目标与指标不匹配，绩效评价的价值与作用将大为降低。信度标准是指评价结果的前后一致性程度，反映评价指标的稳定性和可靠性。完善绩效评价指标，增强绩效评价的内部有效性和外部有效性，能够使其真实地反映对评价对象的影响，并使影响评价的结果也适用其他群体，使绩效评价管理建立在科学的基础上。

四、加强绩效管理数据库建设，开发与绩效评价相配套的信息系统

在整个预算绩效管理工作中，绩效评价要求技术性比较强、业务水平比较高，需要有相对强大的数据分析处理能力。为此，应建立完整的绩效

管理基础数据库,完善相应的计算机信息系统,以配合和支持绩效评价的深入开展。同时,随着预算公开"步伐"的加快,在此基础上还需要建立起较好的绩效评价信息交流与沟通机制,以提高政府收集和处理信息的能力以及对社会公众的响应力。总体上,立足预算绩效管理发展与政府绩效管理大框架,我国在强化绩效评价过程中,可以考虑将绩效评价与发展电子政务有机结合起来,充分利用信息网络技术,建立与政府电子化管理相关联的绩效信息系统。要结合我国预算实际情况与管理需求,加强对数据收集、处理、分析和应用的经验总结与分析,进一步改进和完善对预算数据与绩效信息的采集方式、方法,做好统计分析,健全基线基础,切实做好相关数据库的建设。具体做法为:一是加强对不同绩效标准值的收集和整理,推进绩效评价标准的数据库建设,并在实践应用中不断改进和完善,逐步形成体现不同行业、部门、项目的各类绩效评价标准。二是强化对评价权重的研究,构建体现相关性、重要性、系统性、经济性原则的绩效评价指标体系,实现绩效评价标准数据和指标体系的一体化,达到"共建、共享、共通、共联"的目的。三是做好绩效评价项目库、绩效评价报告档案库、绩效评价专家库等基础数据库的配套建设,开发交流应用平台,为绩效评价管理提供信息化支持。四是在上述基础上,构建相对独立且与财政大业务贯通的数据平台,并预留与政府绩效管理的平台接口,打造专业化、数字化、系统化的预算绩效管理信息系统,做到"数据集聚化、业务规范化、共享智能化、管理科学化",为绩效评价提供有力的技术支撑。

五、推进再评价工作的开展,建立由上对下的绩效评价质量控制机制

绩效再评价是促进评价工作开展、提高评价质量的保障,是加强绩效评价质量控制的一项有效措施。再评价主要由财政部门或主管部门根据需要,在预算部门开展绩效评价的基础上,抽取一定数量的绩效评价项目,重新组织实施的绩效评价工作。开展再评价可以较好地解决两个方面的问题:一是当对预算部门提交的绩效评价报告进行审核时发现较多问题,对其绩效评价结果存疑时,可以通过再评价对预算部门自行开展的绩效评价进行检查验证,以起到复核确认的作用,提高绩效评价的质量,促进预算

部门绩效评价的公正性;二是当财政部门或上级部门对某项重点支出比较关注时,也可以提出再评价的工作要求,从不同角度对重点支出进行评价,以更加客观地评判绩效目标的实现程度,促进财政资金使用效益的提高。2013 年,财政部首次尝试对部门的个别项目进行再评价。今后,要以完善再评价为重要手段,以加强评价质量控制为目的,强化财政部门对绩效评价的核查与抽查,发挥再评价的重要作用,探索建立由上对下的绩效评价质量控制机制。

参 考 文 献

[1] 冯利英,冯洁. 财政支出绩效评价指标体系研究 [J]. 统计教育,2007(5):18-20.

[2] 王鹏程. 构建我国地方政府预算绩效评价体系的思考 [J]. 经济研究参考,2016(32):16-20.

[3] 陈庆宇. 地方政府财政预算绩效管理创新研究——以深圳市龙岗区为例 [D]. 湘潭:湘潭大学,2015.

第九章　部门整体支出绩效评价结果管理

评价程序完成后，针对绩效实现情况所形成的结论就是绩效评价结果。绩效评价结果管理是对绩效评价结果进行反馈与应用的管理活动，与绩效评价工作效果直接相关。只有形成完善的评价结果管理，整个预算绩效管理的过程才得以真正完成。

第一节　部门整体支出绩效评价结果的形成

绩效评价结果是在对绩效评价对象进行评价后，所形成的全面反映实际绩效情况的内容、事项、结论等，是绩效评价所结的"果"。

一、绩效评价结果的主要形式

绩效评价结果主要以报告为其载体。根据绩效评价组织实施的主体和管理要求的不同，绩效评价结果表现为不同的报告形式。

（一）绩效报告

预算执行结束后，预算单位或财政资金具体实施单位要对支出绩效完成情况进行总结分析，对照要求开展绩效自评，由绩效自评而形成的绩效评价结果的形式即为绩效报告。

（二）绩效评价报告

预算部门对所属单位进行绩效评价或财政部门直接对重点项目、重点领域开展绩效评价，由绩效评价而形成的绩效评价结果的形式即为绩效评价报告。

（三）再评价报告

财政部门对预算部门或预算部门对所属预算单位，在其开展绩效评价的基础上，选择部分支出或项目进行再评价，由再评价形成的绩效评价结果的形式即为再评价报告。

绩效报告、绩效评价报告和再评价报告都是绩效评价结果的反映，但其实施主体和报告重点有着明显区别。绩效报告主要由预算单位或实施单位撰写并对绩效报告所涉及基础资料的真实性、合法性、完整性负责，侧重于对绩效目标实现程度和绩效完成情况的对比分析，带有总结性质。绩效评价报告主要是由预算部门在对绩效报告进行审核的基础上开展相应的绩效评价所形成的评价报告，或是财政部门在直接对重点项目、重点领域进行绩效评价的基础上形成的评价报告，侧重于对绩效情况的评价以及对问题原因的分析，属于评价评定。再评价报告主要是由财政部门、预算部门在对下级部门或单位绩效评价的基础上有重点地进行绩效评价后形成的结论，侧重于对下级部门或单位绩效评价工作的审核验证和提出改进意见建议，类似于查验考核。

二、绩效评价结果的衡量方式

绩效评价结果的衡量主要采取评分和评级相结合的方式。具体分值和等级可根据不同评价内容进行设定，并相应采取不同的方式。

（一）绩效评价结果评分

采用绩效评价结果评分的方式，一般需要先根据评价标准，采用赋值功效系数法将评价指标进行无量纲化转换，以消除其量纲影响，进而设定不同评价指标的权重。然后依据实际绩效评价情况，按照确定的评价指标和权重分值，汇总各项绩效评价指标获得的分数，从而来反映绩效评价结果的情况。在这种方式下，结果相对客观公正，能够消除人为因素影响，但对指标和权重设计要求较高，评分通常采用百分制，适用于能够进行定量评价的支出或项目。

（二）绩效评价结果评级

在无法或难以对绩效评价结果采用定量分值进行评价衡量的情况下，需要对绩效评价结果按性质进行分级，确定相应的评价级次，一般采用"优、良、中、差"或"有效、基本有效、无效"等级次。在这种方式下，结果比较直观清晰，但具有一定的主观性，需要有较高的专业判断能力，适用于能够进行定性评价的支出或项目。

三、绩效评价结果应用的主要内容

绩效评价结果的应用是绩效评价结果管理的重要内容。根据绩效评价结果应用的环节、目的、对象的不同，可以细化为不同的内容。

（一）按应用环节分类

按应用环节，绩效评价结果的应用可以分为事前环节的应用、事中环节的应用和事后环节的应用。事前环节体现为应用控制，事中环节体现为应用监控，事后环节体现为应用参考。

1. 事前控制环节的应用

主要内容是将绩效评价结果作为绩效目标设立和预算安排的主要依据，加强对项目立项和支出申请的控制，对于经绩效评价发现未完成绩效目标或绩效目标不明确的，不予安排立项，并调减或取消预算。事前环节的应用注重的是发挥控制作用，更强调从源头上加强预算绩效管理，减少损失和浪费，有效提高财政资金的使用效益。目前，我国有部分省市正在尝试实施事前绩效评价，如广东省和北京市，在这方面探索出了一些有效的做法和经验。广东省佛山市南海区实施对项目预算事前审核和绩效问责，在审核编制预算过程中，增加专家评审环节。专家以个人独立审阅和集中评审相结合的方式，对预算部门报送的预算申报材料进行评审，专家评审后向财政部门提交审核意见。审核意见作为确定预算方案的必要依据。北京市级项目采取事前绩效评估的方式，评估项目实施的必要性和可行性、项目预算的合理性、绩效目标设置的科学性等，最终形成评估结果。财政部门按照评估结果安排预算。可以在总结地方经验的基础上，不断扩大事前绩效评价的范围，探索建立科学有效的事前评价模式。

2. 事中监控环节的应用

绩效监控是对项目运行的相关数据、信息进行采集和分析，预先判断项目预期实现情况，即对绩效目标的实现程度进行监控，及时解决监控中发现的问题，为绩效目标的有效实现提供保障。实施绩效监控的主体既可以是各级财政部门（重点监控），也可以是预算部门（自行监控）。预算绩效监控管理是事中绩效评价的主要任务和全过程预算绩效评价的重要环节。因此，必须不断强化绩效监控管理，充分发挥绩效监控作为事中评价的重要作用。一是在绩效评价过程中及时发现并纠正存在的问题，可以保障项目的顺利实施，并且能够充分发挥全过程绩效评价的效果。二是有利于绩效评价与预算执行相结合。在绩效监控中收集、分析的相关资料，可以真实地反映项目的实际执行情况，有利于绩效监控主体及时掌握项目执行的进度和效果，加强预算执行管理。另外，对项目预算执行进度的及时掌握，可以帮助绩效评价主体预估项目的实际用款需求并据此向财政部门提出用款计划申请，充分发挥用款计划对资金支付的管理作用。同时，可以促进部门内部各个方面（比如业务部门和基层预算单位）切实承担起预算执行的主体责任，有效解决预算执行与业务工作"两张皮"的问题。对于极特殊的情况，如预期项目支出无绩效，可以由财政国库部门暂缓项目的资金支付。三是有利于加强项目结余资金的管理。当项目年度内未执行完形成结余时，绩效监控能够有效分析项目形成结余的原因并采取不同的方式进行处理。对于绩效监控结果为有效，由于一定原因（如存在某些特殊情况，绩效目标确需跨年度完成）形成结余的，可以将项目结余资金结转至下一年度继续使用。对于在绩效监控中确定预算绩效目标已经实现或根本无法实现的项目，项目结余资金应当收回财政，统筹用于其他需要财政支持的项目安排。四是有利于完善事中考核管理。根据绩效监控发现的情况进行事中考核，相对于通常的事后考核更具实际意义，事中考核可以先于"结果考核"解决问题，防患于未然。

3. 事后参考环节的应用

其应用主要是将绩效评价结果作为预算管理的参考，用于逐步完善预算安排、执行等方面的政策，侧重于提出改进意见和建议。事后环节的应用注重发挥促进作用,更强调绩效对预算的后续管理。强化事后评价要着重做好两方面工作。首先是完善绩效评价主体。明确绩效评价的主体和职责是推进绩效评价工作的前提。尤其在现阶段,应该在明确财政、预算部门主体评价地位的同时,着力加强包括会计师事务所、行业咨询机构、资产评估机构等在内的社会中介力量,以及包括人民代表大会、监察审计部门和社会公众在内的绩效监督力量。其次是完善绩效评价方法。要构建并逐步完善定性评价与定量评价相结合、内部评价与外部评价互为补充的评价方法,提高绩效评价质量。还要进一步丰富评价方法的种类。目前,成本效益法、因素分析法、最低费用法、目标比较法等在财政部颁布的《财政支出绩效评价管理暂行办法》中已经明确,并在实践中起到了很好的评价效果。在此基础上,还需结合国内绩效评价工作实际,借鉴国际上的经验,研究探索适合我国国情的新的更加科学有效的绩效评价方法,以准确反映预算支出绩效。

（二）按应用目的分类

按应用目的,绩效评价结果的应用可以分为与预算编制挂钩、与预算管理挂钩、与预算问责挂钩等。

1. 与预算编制挂钩

其应用主要是将绩效评价结果体现到年度预算编制中,实现绩效评价结果与预算安排的有机结合。对于绩效评价结果较好的,在下一年预算编制中优先安排预算资金,体现"优有奖励"的原则;对于绩效评价结果较差的,原则上不予安排或相应调减预算,严重的甚至取消该项支出,体现"差有惩罚"的原则。

2. 与预算管理挂钩

其应用主要是将绩效评价结果嵌入到日常预算管理中,做到绩效评价结果与预算管理相互促进。根据绩效评价结果反映出来的问题,要进一步分析原因,制定完善措施,明确改进方向,健全相关管理制度,使之促进预算管理和项目管理水平的有效提高。

3. 与预算问责挂钩

其应用主要是将绩效评价结果纳入到政府行政问责体系中,建立完善约谈机制、诫勉机制,并形成绩效评价结果与预算问责一体联结。对于部门、单位或个人在预算资金的申请、监管、使用过程中，由于工作失职等主观原因造成资金无效或低效等情况的，相应追究部门、单位或个人的绩效责任，建立"谁干事谁花钱、谁花钱谁担责"的绩效问责机制，加强预算绩效监督。

（三）按应用对象分类

按应用对象，绩效评价结果的应用可以分为资金使用单位的应用、财政分配部门的应用、社会公众的应用等，体现出在财政预算管理中多层委托-代理关系的应用体系。

1. 资金使用单位的应用

这是第一层次的应用，属于最直接的应用。其主要是通过绩效评价结果反映预算单位财政资金使用效率，分析诊断单位内部管理问题，用以完善部门预算，改进管理制度，降低支出成本，提高公共产品和服务水平，提升资金使用效益。它强调的是支出责任层面的应用。

2. 财政分配部门的应用

这是第二层次的应用，属于最有效的应用。其主要是以绩效评价结果来判断财政资金配置的合理性，准确把握财政政策效应，用以改进政府预算决策，优化支出结构，控制财政风险，提高资源配置效率和财政管理水平。它强调的是分配责任层面的应用。

3. 社会公众的应用

这是第三层次的应用，属于最间接的应用。其主要是将绩效评价结果用于向人民代表大会报告、向社会公开，增强绩效评价结果的透明度，加强社会监督。社会公众作为纳税人，是政府财政资金的所有者和委托人。财政部门和具体资金使用部门是受托人，负有依法理财、科学理财的责任。绩效评价结果实质上是受托人理财情况的报告，强调的是监督责任层面的应用。

第二节　部门整体支出绩效评价结果管理的主要环节

绩效评价结果管理的主要环节包括评价结果反馈、评价结果应用和评价结果问责三个方面，要实现"评价结果有反馈、反馈结果有应用"。一方面，要把评价结论反馈给被评价单位，让其知道"结果"；另一方面，财政部门或主管部门要应用评价结果，并使其承担"后果"。

一、绩效评价结果反馈

组织、实施绩效评价的主体在完成绩效评价工作并形成评价结果后，要及时向被评价单位反馈。绩效评价结果应以规范的内容和格式进行反馈，在反馈的意见中，除了要对绩效评价工作的开展情况和绩效评价报告内容进行简要说明外，还要明确提出落实绩效评价结果及将整改落实情况报告上级主管部门的具体要求。

进行绩效评价结果反馈，首先要明确绩效评价信息反馈的对象。绩效评价信息反馈的对象不仅应该包括预算执行单位，还应该包括财政部门、上级政府、人民代表大会以及社会公众。向预算执行单位反馈绩效评价信息，可以使预算执行单位及时、清楚地了解本单位财政资金使用的效率，尤其是在预算执行过程中，预算绩效动态监控的结果更要及时反馈给预算单位，以便被评价单位及时地弥补预算执行过程中的不足。向财政部门、上级政府以及人民代表大会及时反馈预算绩效评价情况，让本年度的预算绩效评价情况和下一年度的单位预算拨款进行一定程度的挂钩可以有效地促进预算绩效管理的完善，把财政资金的预算绩效评价情况纳入政府官员考评机制将更有利于政府财政资金使用效率的提高。同时，通过官网、媒体、报纸等渠道将各单位预算绩效评价结果向社会公众公开，让社会公众更直接地了解政府预算绩效评价的结果，更有利于社会民众对政府财政资金效率的监督。这样，就形成一个政府预算绩效管理的多元的监督机制。

绩效评价结果反馈可以采取绩效评价报告书的形式。绩效评价部门应该定期向被评价单位、有关财政部门、上级政府、人民代表大会及社会公众提交绩效评价报告书，以便各有关部门根据绩效评价结果制定应对措施。提交部门整体支出绩效评价报告书的频率应该根据具体情况确定。

二、绩效评价结果应用

绩效评价结果应用是在绩效评价结果反馈环节完成后展开的，由财政部门、预算部门和被评价单位等通过多种方式，将反馈的评价结果转化为提高预算资金绩效目的及行为的一系列活动的总称，表现为一种客观结果与主观努力相结合的改进方式。绩效评价结果的应用是绩效评价环节的延伸。它既是预算绩效管理前一过程的结果，又是预算绩效管理后一环节的基础与依据。绩效评价的目的是提高资金使用效益，因此，所有利用评价结果来提高资金效益的方式、方法、手段、措施，都可看作对评价结果的应用，其核心在于"用"并确保能产生实质的影响与效果。

目前我国部门整体支出绩效评价结果的应用体现在以下几个方面。

（一）绩效评价结果可以作为部门所有资金使用情况的鉴定书，督促部门强化内部管理

如果一个部门具有良好的管理制度，则部门通过发挥自身的主动性和创造性可以提高部门资金使用效率，该部门的绩效评价结果也会较好。如果一个部门内部管理制度不健全，则很容易导致预算资金的低效，绩效评价也不会好。因此，对一个部门进行绩效评价，可以反映出该部门内部管理的现状，从而督促部门强化内部管理。这就要求绩效评价部门在向被评价部门提交预算绩效评价信息的时候详细说明被评价部门的不足，并向被评价部门提出整改的意见。

（二）部门的绩效评价结果可以作为部门领导人考核的依据

将部门预算绩效评价结果反馈到主管部门，主管部门可以把预算绩效评价信息作为参考，并把一个部门预算绩效的好坏作为对这个部门考核的依据。

（三）对部门的绩效评价可以作为预算资金分配的依据

将绩效评价结果反馈到人民代表大会和财政部门，人民代表大会和财政部门要确保绩效评价结果能够对这个部门产生实实在在的影响，使绩效评价结果在预算分配中得到充分应用和体现，这样才能实现预算绩效管理的目标。

（四）对部门进行预算绩效评价可以作为一种监督的手段

将绩效评价结果反馈给主管部门、人民代表大会、财政部门，并且将绩效评价结果向社会公众公开，这样每个绩效评价反馈的对象都可以发挥对部门的监督作用。

虽然在实际工作中已经形成了多样化的绩效评价结果应用方式，但是由于受现行行政管理体制、预算决策机制制约等主客观因素的影响，对绩效评价结果应用的制度化、规范化的规定还不够到位，缺少强制性和硬性约束力，使绩效评价结果应用的重要作用没有得到充分发挥。为此，需要进一步通过绩效评价结果的应用，加强对绩效评价结果的实质性管理，引起财政管理部门、具体资金使用部门和受益群体对绩效问题的高度关注，最终实现对资金管理行为的有效引导和约束。

三、绩效评价结果问责

要想使绩效评价结果得到充分利用，还应该建立绩效评价结果的问责机制，追究预算绩效较差的部门及其相关责任人的有关责任。

（一）建立可操作的部门整体支出绩效问责制度

可以结合我国实际情况适时尽快制定预算绩效问责条例，为预算绩效问责提供法制保障。预算绩效问责条例要遵循"谁办事谁花钱，谁花钱谁担责"的原则。考虑到预算绩效管理是财政管理的核心，在制定预算绩效管理办法时可以把预算绩效问责作为行政问责的核心。条例应该明确问责主体和权限、问责范围、责任标准、问责程序和方式等内容，确保预算绩效问责具有可操作性。责任标准的确定可以根据不同原因制定不同的责任追究办法，对于由于责任人的故意或重大过失导致政府预算无绩效或低绩效的，应该制定较为严厉的惩处办法。

（二）建立部门整体支出绩效管理问责文化

首先，要以法治观念推动问责文化建设，预算绩效问责条例确保预算绩效问责有法可依，在此基础上有关执法部门还应该保证有法必依、执法必严、违法必究，以此在有关部门和社会公众间树立法治观念，进而逐渐形成预算绩效管理的问责文化。法治观念是推动问责文化建设的一个非常有力的抓手，但只能在与预算绩效有关的部门和单位之间产生影响，对社会公众的影响不是很大。要想在社会公众中间建立问责文化，必须破除"官本位"的思想，真正树立起"以民为本"的思想，通过公开预算绩效评价结果的方式培养社会公众主人翁的意识，鼓励社会公众对预算绩效评价及其结果应用提出宝贵的意见和建议。有关部门对社会公众的质疑、意见和建议应该给予高度重视并及时做出恰当的回应，有关部门的及时合理回应是在社会公众中间建立问责文化不可或缺的要素之一。其次，问责文化教育也是构建问责文化的有效抓手。例如，对相关责任主体进行职业道德、职业素质和责任问责教育，从而深化相关责任主体对预算绩效管理问责制的认识；对社会公众进行问责文化教育，提升社会公众参与问责的积极性，使全社会形成一种健康、向上、民主法治的问责文化氛围。

第三节　完善部门整体支出绩效评价结果管理的措施

完善绩效评价结果管理，就要在建立绩效评价结果反馈和应用制度的基础上，健全推进机制，增强约束力和透明度，改进管理，明确责任，以评价结果的应用"增效"，促进预算绩效管理的"红利"实现。

一、以提高绩效评价结果质量为抓手，保证评价结果"好用"

绩效评价结果的质量是结果应用的"根"，是绩效评价结果管理的生命力所在。目前，一些绩效评价结果的质量不高，其科学性、客观性未得到评价对象的认同，尚未被社会公众接受。信息不对称使得绩效评价结果很难全面反映绩效情况，现有绩效的真实性也由于道德风险而不能得到有效保证，这就造成了绩效评价结果不能应用、不敢应用的问题。针对这种情况，要将绩效评价结果管理向前延伸，在完善绩效评价指标和方法的基础上，加强对绩效评价结果的分析，完善绩效评价报告的内容，形成科学合理、经得起考验的评价结论，不断提高绩效评价结果的质量，以评价结果的质量作为管理和应用的重心来保证评价结果好用。

二、以建立"评用结合、有评必用"的责任机制为核心，促使评价结果"用好"

要加大绩效评价结果的应用力度，建立"评用结合、有评必用"的责任机制，强化责任管理，以绩效评价服务于评价结果管理，以评价结果管理促进绩效评价，避免绩效评价与评价结果管理"两张皮""两条路"，推动绩效由"软"评价向"硬"管理转变，并在评价结果应用管理上"做好文章"，实现从"重结果"向"结果"的转变。绩效评价结果应用的根本目的是明确责任，要在"评用结合"的基础上，实现绩效评价结果"有评必用"，实施好问责，做到责权对等，以用促责，建立有效的责任约束机制，促使评价结果用好。

三、以扩大向社会公开为保障，实现评价结果应用有监督

要坚持公众导向，进一步扩大绩效评价结果向社会公开的范围，逐步提高绩效评价结果的透明度，尤其是一些社会关注度高、影响力大的民生项目和重点项目的支出绩效情况，应依法向社会公开，不断扩大绩效评价结果管理的积极影响，增强评价结果应用的公信力和约束力。向社会公开绩效评价结果，实质上是向纳税人公告，对纳税人负责，以绩效评价结果管理的"明白账"赢得社会的支持，促进各方面的共识。要以此为保障，推动绩效评价形成公正的结果，并跟踪督促评价结果应用的落实，确保结果管理科学透明，真正实现评价结果应用有监督。

绩效评价结果不仅是用于改进预算管理的重要内容，也是推动政府决策、提高行政管理水平的重要参考。要拓展绩效评价结果管理的层级，向上联结，将绩效评价结果纳入政府绩效管理体系，纳入地区和部门工作目标考核范畴，以此作为政府绩效考核的重要组成部分，作为评价地区和部门工作的重要依据，作为领导班子和领导干部综合考评的重要内容，并使之制度化，形成有力的威慑进而实现绩效评价结果的"上靠""高挂"，做到评价结果应用有权威。2013年12月，中央组织部印发了《关于改进地方

党政领导班子和领导干部政绩考核工作的通知》,从公共管理的角度加强政府绩效考核,并将政府债务纳入了考核范围。这对强化预算绩效管理,进一步推动绩效评价结果的应用提供了有力的制度保障,创建了较好的外部环境。

参 考 文 献

[1] 张伟.完善预算支出绩效评价体系研究[D].北京:财政部财政科学研究所,2015.
[2] 张君.部门预算绩效管理研究[D].大连:东北财经大学,2014.
[3] 陈庆宇.地方政府财政预算绩效管理创新研究——以深圳市龙岗区为例[D].湘潭:湘潭大学,2015.

第十章 水利系统部门整体支出绩效管理的保障措施

本章主要阐述部门预算绩效管理的保障措施，主要包括编制部门中期预算、进一步提高部门预算透明度、完善部门预算管理信息系统。

第一节 编制部门中期预算

中期预算，顾名思义，是超过一个年度（一般是3~5年）的财政收支计划。20世纪80年代以来，许多发达国家及部分发展中国家为了强化本国财政管理，对预算制度进行了改革，开始实施中期预算制度。目前，编制中期预算已经是大多数国家的一项重要的财政管理制度。中期预算在优化政府职能、提高政府效率、联结预算与国家政策、提高政府预算绩效等方面的作用是年度预算所不能及的。

一、编制部门中期预算的重要性

2013年，党的十八届三中全会审议通过的《中共中央关于全面深化改革若干重大问题的决定》明确提出要改进预算管理制度，建立跨年度预算平衡机制。也就是要编制中期预算。编制中期预算是实行预算绩效管理的一项非常重要的举措，我国编制中期预算的重要性主要体现在以下几个方面。

（一）政府预算本身就是政府政策的体现

政府的很多政策都是跨年度的，尤其是项目支出通常都是持续几年甚至十几年的项目，所以项目的预算绩效也应该是超过一个年度的评估。为了使项目支出预算绩效目标更具科学性，绩效目标的设定应尽量结合项目的实施，细化到项目的每一个年度或阶段，以便于项目按绩效目标顺利实施和绩效评价工作的开展。但是跨年度的预算绩效评估与目前我国实行的年度预算制度相矛盾，所以，为了更好地完善预算绩效管理，必须尽快实行跨年度预算制度，编制部门中期预算。

（二）中期预算能解决我国财政预算管理中存在的很多现实问题

一方面，编制中期预算能够根治地方政府年度收支不够平衡的问题。《中华人民共和国预算法实施条例》规定"不得把本年度的收入和支出转为下年度的收入和支出，不得把下年度的收入和支出列为本年度的收入和支出"，再加上我国预算编制的时间不是很合理（新年度的预算执行已经开始，而预算还处于编制和审批阶段），使得地方政府经常陷入上半年没钱花、下半年钱没地方花的困局。中期预算则可以使预算单位对财政预算有一个整体的规划，从根本上解决年底突击花钱的问题。另一方面，编制中期预算能够解决我国预算和政策相脱节的难题。年度预算使得政府预算缺乏统一的中长期规划，这可能会导致大量的财政资金投向价值不高的领域，进而降低财政资金的使用效益，而且发达国家的实践也表明中期预算框架在联结财政支出与预算之间也起着非常重要的作用。总之，中期预算能够解决我国财政管理中存在的很多现实问题，这些问题的解决能够大大提高部门预算绩效。

二、编制部门中期预算的前提条件

根据已经实施中期预算制度的国家的实践经验，编制中期预算需要满足很多前提条件，否则只能以失败而告终。

（一）要完善我国的宏观经济和收入预测体系

世界银行和国际货币基金组织等机构的研究都表明了规范的中期预算都要包含一份完整的中期宏观框架，中期宏观框架的主要内容是中期宏观经济预测和财政预测。部门预算中的收入和支出都要根据编制期间的实际情况进行预测。从短期来看，政府部门的收入和支出不会有很大的变化，但是中期预算的时间跨度比较大，影响政府部门收入和支出的因素可能会发生很大的变化。为了确保政府预算的客观性，必须具备较强的宏观经济预测能力和完善的收入预测体系，进而才能够对政府预算中各种类别的收入和支出进行准确估测。而且 OECD（经济合作与发展组织）的报告认为，中期预算在转型国家特别容易遇到问题，因为在经济转型中，其不确定因素远比成熟市场经济国家要多。所以处于转型期的我国尤其需要提高宏观经济预测和收入预测的科学性和准确性。

（二）要提高项目论证的科学性

编制中期预算的目的之一就是对政府长期的规划进行整体的把握。中期预算涉及对各种计划的未来成本进行预测，而且中期预算是编制年度预算的基础，所以中期预算一定要以科学的项目论证为前提。目前我国的项目论证缺乏一套完整科学的机制，这会大大影响我国中期预算的编制，也会阻碍绩效目标管理的实施，甚至影响到预算绩效管理的改革进程。

（三）要加强财政管理有关部门之间的协调性

中期框架是一个由上而下确定财政资源总量、自下至上估计现行政策的当期和中期成本，并最终在年度预算过程中匹配这些成本与可能资源的过程。中期预算的编制是一项复杂的工作，这项工作不是仅仅依靠预算编制部门就能完成的，需要部门各个单位及各个处室之间的相互配合，只有各有关部门协调配合、各司其职才能做好中期预算的编制工作，进而更好地发挥中期预算的优势，更好地管理我国的财政资金，优化财政资源配置。

（四）要强化支出控制

编制政府部门中期预算可以为协调预算和各种政策、优化财政资源配置提供一种规范的机制，但是弱化的财政支出控制使得中期预算的有效性令人怀疑。因此，要想充分发挥部门中期预算的财政管理效用，必须强化财政支出控制。要想真正强化财政支出控制，就应该制定量化的财政约束框架。国际上常用的定量指标一般有债务比率、赤字比率或者两者的增长率，如《马斯特里赫特条约》中规定了财政赤字不应超过年度 GDP 的 3%、累积债务不应超过 GDP 的 60% 作为加入欧盟的条件，这种中期预算约束和定量的财政约束对财政支出起到了强有力的控制作用。

三、部门中期预算框架编制的内容

根据国际货币基金组织等机构的研究，中期预算的编制要点包括以下几个方面：一是财政政策目标的说明；二是完整的中期宏观经济和财政预测；三是包含各部门和机构在下一个预算年度2~4年的支出和收入估计数；四是正式的"超前"或者"超年度"的估计数——支出的第一"超年度"估计数成为下一年度预算谈判的基础；五是对各支出部门和支出机构的预算拨款限额是硬预算约束的。

根据西方中期预算实践可知，在编制中期预算之前，会有预测部门提供一个多年度经济发展预测分析和财政计划安排基本原则的报告，然后由预算部门根据这一报告测算财政收支情况，并制定具体的财政政策措施。部门中期预算是在这一基础上进行编制的。根据中期预算的编制要点，结合财政部预算部门对财政收支的测算情况和具体的财政政策措施，设计部门中期预算编制的主要程序和内容。

（一）就部门目标和财政政策达成一致

为了确定政府部门在本年度以及中期框架内以后年度将要提供哪些公共服务以及将会发生哪些支出项目，同时也为了保证部门支出活动与财政政策目标和部门目标相一致，有关部门可以通过自上而下和自下而上相结合的方法来确定部门应该承担的责任，既要保证部门支出规划与国家财政政策相符，又要符合部门的基本职能，并在此基础上确定部门的目标以及为了实现这一目标所需要采取的专门的活动和提供的支出项目。

（二）估计部门活动和支出项目的成本

在确定部门支出项目之后，就要对部门各个支出项目的成本进行估计。有效的政府部门中长期预算能够说明：①当前支出水平；②在未来提供同种服务所需的额外支出；③如果改变服务水平和服务质量所需的额外支出。由此可以看出，在对各支出项目成本进行估计时，不仅要考虑这些项目的当前支出水平，还要考虑通货膨胀因素，同时也要考虑未来因公众对社会公共服务水平的预期有所提升而产生的额外支出。只有全面考虑这些因素，才能确保中期财政框架是有效的，否则中期预算的编制毫无意义。

（三）确定部门的支出限额

政府部门可获得的收入一般包括税收收入、非税收入、债务收入和转移性收入等。上述已经提到在编制中期预算之前财政部预算部门已经估测了财政总收支情况，各部门的支出限额就是在此基础上确定的。部门的支出限额也应该通过自上而下和自下而上的方式确定。各部门首先编制本部门的支出计划，并将支出计划统一交给财政部门，财政部门根据预测的财政收支情况，结合各部门提交的支出计划，协调各部门的支出限额。各部门的支出限额是固定的，不得随意变更，要硬化预算约束，防止部门中期预算规定的支出限额变成一种底线。

(四) 将部门支出项目进行优先性排序

政府部门的中期预算应该每年更新一次，并在预算中对政策变化进行确认。在编制部门中期预算时，应该首先将部门支出项目进行优先性排序，然后将部门支出限额和支出项目成本进行比较。如果部门支出计划成本超过支出限额，那么应该按照优先性顺序，剔除非重点项目；如果支出限额超过支出计划成本，那么超额部分应该被用于优先支出项目。成功的部门中期预算框架的关键在于，制度机制协助并要求有关政策制定者在政府可以提供的公共财政资金与政府政策优先发展项目之间取得平衡。

至此，部门中期预算框架已经基本清晰，包括部门可获得的财政资源、优先性支出项目，另外，为了保证财政资金的使用效率，中期预算框架还要包含政府支出项目的绩效目标。简言之，部门中期预算和年度预算应该具有相同的编制方法和详细程度，部门中期预算的第一年和年度预算应该保持一致。除此之外，中期预算还应该包含发展计划的跨年度预计、体现现有政策影响和变化的跨年度预计以及新政策对后续年份预算影响和变化的各种预计。

第二节 进一步提高部门预算透明度

提高预算透明度有利于提升一个国家的预算绩效。有学者研究表明，一国预算透明度与财政业绩有着较为紧密的联系，预算透明确实是对国家财经秩序的有效约束，这成为国际社会发展预算透明度的主要动力。具体来说，提高预算透明度的意义主要体现在以下几个方面。第一，预算信息的透明度会影响公共政策的需求和供给，从而对公共政策的选择和决定产生重要影响，预算透明度的提高有利于社会公众更直接地接收到财政信息，更有利于公众对比各种公共物品的收益与成本，从而有利于政府做出科学的决策。第二，预算信息透明度的提高有利于财政资金使用效率的提高。一方面，高度透明的预算信息处于社会公众的监督之下，对于避免政府腐败非常有效。另一方面，对于财政资金管理部门来讲，预算透明度的提高有利于其对政府财政资金使用情况进行有效的监管。这两方面都直接或间接地提高了政府财政资金的使用效率，即提高政府预算透明度非常有利于政府预算绩效管理。具体地，可以从以下几个方面提高预算透明度。

一、进一步加大预算信息公开力度

近些年，我国的预算信息公开的范围有所扩大，公开内容也有所细化，但是距离预算透明还有一定的差距，应该进一步加大预算信息公开力度。

（一）加大预算信息的公开范围

发达国家除了涉密信息之外，其财政所有信息几乎都向社会公众公开。随着公开预决算信息的呼声不断提高，在过去的几年中，我国一些地方和部门对于预算信息也采取了选择性的公开策略，但这些选择性的公开内容尚达不到预算透明的要求。因此，我国也应该尽快扩大预算信息公开范围，对于关系到民生的重大财政专项支出，如科教文卫支出和社会保障支出等有关的内容，都要毫无保留地公开，对于其预算编制、预算执行过程、预算调整情况等所有信息都应该向社会公众公开。IMF（国际货币基金组织）制定的《财政透明度手册》指出，政府应适当地公开其预算编制和执行过程，在向公众提供的预算报告中，政府应当说明财政政策的目标、宏观经济的框架、预算政策和主要财政风险等。在实施预算绩效管理以后，绩效目标、绩效跟踪监控情况、绩效评价情况以及绩效反馈应用情况等都应该纳入政府信息公开的内容，即让民众从更大的范围和更深的层次上了解预算信息，以便于社会公众监督。另外，我国还有一些部门和单位并没有把本部门的所有收支都列到部门预算中，因此要想进一步加大财政信息公开力度，还必须保证政府预算信息的完整，确保部门预算包括了所有的收支情况。

（二）细化预算信息公开内容

预算信息公开的目的就是让社会公众充分地了解预算信息，接受社会公众的监督，但是我国预算信息公开内容一般都比较粗糙，即使公开了预算信息，社会公众也不能了解到详细的财政收支情况，这样的预算信息公开难以达到应有的效果。因此一定要详细公开预算信息内容，提供收支科目规定的类、款、项、目乃至具体事项的各个层次信息。这就要求进行收支分类改革，因为目前我国支出的功能分类科目只设置到类、款、项，经济分类科目只设置到类、款，这样的科目设置不利于财政信息的进一步细化。预算信息公开的细化还要求预算公开的项目要具体化，财政支出中尽量不出现"其他支出"等模糊字眼，保证预算信息公开的数字准确，从总量到单价再到总计都要清清楚楚地向公众公开。还要着重展现支出信息中的经济分类，在部门和单位预算中，支出的功能分类会趋于简单化，支出的经济分类的公开就更显重要了。例如，对于教育部门来说，其功能分类主要就是教育，人们只知道这笔钱用在教育上，但具体怎么用却不得而知。如果再从经济分类来看，人们就可以知道这笔钱中多少用于教师、员工的薪酬，多少用在教学业务上，多少用于教学设备，多少用在教学楼或有关建筑上。这样，公众对这笔支出的内容就有了更多的认识。

总之，加大预算信息公开的力度就是要扩大预算信息公开的范围，细化预算信息公开的内容，从而提高预算透明度，推进预算绩效管理改革。

二、规范预算信息公开形式与方式

规范预算信息公开形式也是提高预算透明度的一项非常重要的举措，但是从预算公开来看，我国各地方部门预算公开的形式各不相同，这样不统一的预算信息公开形式不利于各部门财政信息的比较，不利于社会公众的监督。因此，财政部门应该制定预算信息公开的统一形式，尽量保证各部门、单位预算信息公开形式的统一。同时还需要完善预算信息公开的方式，提高公众对于预算信息的可获得性。我国预算信息公布的渠道主要是财政部门和其他各部门的官网、政府新闻发布会以及期刊报纸等媒介，例如，各部门的官网会发布本部门的预决算报告，《中国财政年鉴》会公布历年财政预决算报告等信息，每年人民代表大会期间还会通过各种媒介向公众发布财政预算报告。但是，目前公众获得预算信息的便利性还需进一步提升，财政管理部门与公众间的沟通渠道仍有必要进一步拓宽，以满足不同群体的信息获取偏好。另外，为了提高公众对于预算信息的可获得性，预算信息的公开应该由财政部门统一公开，而不是由各个部门分别公开，这样可以减少公众获得预算信息的成本。

三、增强公众预算管理参与度

要想真正提高预算透明度，发挥预算信息公开的作用，除了要进一步加大预算信息公开力度、规范预算信息公开渠道、完善预算信息公开方式之外，还要加强政府和公众之间的交流，建立政府与公众之间的平等关系，增强社会公众主动获取预算信息的意识，使公众不再是预算信息的被动接受者。只有公众充分参与到预算信息公开的过程当中来，政府部门才能及时了解民意，并以此来确定财政政策，规范政府收支行为。为了实现上述目的，一方面，政府要确保预算信息公开的及时性和可靠性。如果预算信息公开不够及时，信息就会失去时效性，而失去时效性的信息就没有多大的利用价值了。如果不能保证预算信息的可靠性，那么信息公开也毫无意义。为了保证预算信息公开的及时性和可靠性，政府对所公开的信息要有专人来负责收集、整理民众通过各种方式反馈的问题、意见和建议，并建立完备的批办、督办、反馈机制，而且可以将预算信息公开内容纳入政府审计的范围，对于违反信息公开规定的部门或单位一定要有相应的责任追究机制，对于故意隐瞒信息、阻碍公众正当获取所需信息或者虚假公开信息的部门和人员，应当予以处罚，直至追究其法律责任。另一方面，政府需要建立良好的公众交流平台，构建一种开放的公众交流氛围，多渠道听取民意，特别是要善于听取不同的意见，尽可能地提高政府决策的科学性和民主化水平，同时对于公众的意见要给予及时回应。当然，良好的公众交流平台的建立也需要广大社会公众以客观和积极的态度参与预算信息公开过程，积极利用各种交流平台向政府反馈自己的客观想法，提出自己的意见和建议，一定要避免情绪化，与政府形成良性的互动，促进预算信息公开规范化，进而提高财政资金的使用效率，切实维护自己作为纳税人的权利。

总之，提高预算透明度、强化社会公众对于预算信息的监督、提高财政资金的使用效益并不是单靠政府或公众某一方面的力量就能实现的，而是需要政府和公众双方的共同努力，在行使权利的同时相互配合，只有这样才能达到预期的目的。

第三节　完善部门预算管理信息系统

政府预算管理信息系统是利用先进的信息技术，以预算编制、国库集中收付和宏观经济预测为核心应用的政府预算管理综合信息系统。政府预算管理信息系统承载了各政府部门的财务数据，应该具有高度的完整性、保密性、可用性和可控性。它关系到一个国家的安全和经济的正常运转。随着政府财政管理制度的改革，政府预算管理信息系统也应该与时俱进，为我国各项预算管理改革提供技术支撑。

一、进一步改进预算管理信息系统

我国预算绩效管理的改革以及与之相配套的一些制度方面的改革都需要管理信息系统的进一步完善。预算绩效管理需要以大量的信息为基础，大量的信息的收集和处理需要依托先进的计算机技术，这就需要在预算管理信息系统中加入预算绩效管理子系统，实现预算绩效管理信息化。实现预算绩效管理的信息化有非常多的好处。一方面，有利于提高绩效评价效率。预算绩效管理以绩效评价为核心，绩效评价不仅需要对各部门支出、项目支出的投入、效益与影响进行必要的横向与纵向比较，还需要将绩效评价结果和绩效目标评估进行比较，也就是说，绩效评价离不开一定规模与容量的数据库，从而保证绩效评价工作的持续、高效开展。如果预算绩效管理子系统可以实现预算单位的信息在绩效评价部门之间的共享，则预算绩效评价的效率将会得到进一步提高。另一方面，有利于预算绩效评价结果的应用。如果预算绩效管理信息系统能够实现预算绩效评价结果共享，则会给预算绩效评价结果的使用者带来很多方便。除了上述信息系统需要进行改进之外，财政透明度的提高、中期预算框架的实施等也都需要有相应的信息处理系统为这些改革提供支撑。

二、搭建政府会计信息化处理平台

为了引入权责发生制，从而强化预算绩效管理，国家有必要建立一套针对权责发生制的安全高效的信息处理系统。前文已经提到，我国长期以来都采用收付实现制的会计模式进行核算，相应的信息系统也大多数是在此基础上设计而成的。要想改变会计核算模式，从收付实现制向权责发生制的转变也必须借助一套先进的以权责发生制为基础的政府会计信息系统，才能保证权责发生制在我国的顺利推行。同时，与之相应的政府预算会计软件也要随政府会计基础的改变而做出调整。总的来说，权责发生制的会计改革必须要与政府会计信息化建设同步进行。

三、实现预算管理信息系统一体化

应该积极探索一体化信息平台开发建设新模式，尽快建成包括基础平台、业务系统、统一门户和综合分析系统的一体化信息平台系统，将部门预算、集中支付、工资统发、公务卡、政府采购、财政预警等所有财政核心业务全部纳入平台统一管理。财政信息系统如果能够把预算编制、执行、监督全过程涵盖，把预算绩效管理信息与资产管理信息、会计核算信息、项目管理信息等有效衔接，形成预算绩效管理与预算编制、预算执行和预算监督反馈等预算流程相互融通、环环相扣的"绩效管理链"，实现财政管理信息系统的一体化，实现所有相关部门的数据、资源共享，不仅会大大提高整个财政支出管理的效率，还能完善财政资金的动态监控机制，同时也能加强财政宏观调控，做出更科学的财政决策。

参 考 文 献

张君. 部门预算绩效管理研究 [D]. 大连：东北财经大学，2014.

第十一章 未来我国绩效预算改革的发展路径

根据预算改革的制度变迁属性,结合绩效预算范畴的内涵、外延,以及其内在的逻辑起点、路径依赖,参考各国绩效预算的发展模式,并考虑我国整体改革的渐进式惯性,可以从如下几个角度来审视绩效预算改革的发展路径。

第一节 预算控制方式的转向:由加强投入控制到实施管理责任控制

作为发展中国家和转型国家,我国的预算管理一直以投入控制为主要特征,并将在一个较长时期内处于政府对财政资源控制的强化阶段。目前深入实施部门预算、国库集中收付、政府收支分类等各项改革,其目的都在于增强财政部门对资源投入和使用的控制。投入控制强调规则和制度,是一种遵从式的预算文化,有利于确保财政资源的合规性和预算资金的安全性。投入控制是向管理责任控制转变的基础和铺垫,如果没有完善和有力的投入控制,则财政资源的使用很难达到高效水平和有效性,并将对继续推进预算改革造成一定的阻碍。

随着投入控制的不断加强,进一步提高支出部门的执行效率和资金有效性就成为下一阶段的必然要求,预算控制系统的重心也将逐渐转向管理责任控制，以部门的管理责任代替财政部门的外部控制。管理责任能将管理者从僵硬的规则和程序的束缚中解放出来，但是，为了获得新的运作自由和灵活性，管理者必须服从更难以达到、更明晰的业绩要求，即"以绩效责任换取管理自由"。管理责任控制强调责任和机制，关注预期业绩是否实现，通过强化各个部门的契约关系建立新型的责任关系，要求部门管理者对产出和结果负责，而这正是建立绩效预算的核心内容。因此，管理责任控制替代投入控制，势必成为绩效预算改革的发展路径。

第二节 预算制度内容的嬗变：从项目预算到产出预算，再到结果预算

在现行部门预算下，部门支出分为基本支出和项目支出，并建立了项目库滚动管理的方式，实现了预算内容从"管人"向"管事"的转变。预算支出项目侧重于反映部门事业发展的各项活动需要，属于典型的项目预算管理。项目预算是当前预算制度的重要内容，注重部门项目支出优先顺序的安排，虽然在一定程度上体现了绩效的内容，但并没有将项目产出的有效性作为预算安排的依据，也没有对项目资金使用绩效及其完成情况进行系统的评价。

随着项目预算管理的加强以及项目库制度的完善，预算安排从单一按项目重要性排序，转向以项目产出作为预算资源分配的依据，强调项目实施所生产的公共产品和服务的产出数量，并加强对部门支出使用环节的绩效评价和管理，开始实现从项目预算到产出预算的嬗变。产出预算解决了对部门公共产品和服务产出数量的衡量问题，但是对于生产的公共产品和服务的质量以及其产生的影响等问题，并没有得到实质性解决，即缺乏对结果的绩效衡量。

随着产出预算制度的建立以及技术的进步和经验的积累，一些国家如新西兰等开始出现了加强对结果预算的管理趋势，反映了产出预算走向结果预算的发展路径。产出和结果虽然都是对部门生产的公共产品和服务的反映，但其内涵有着明显差别。所谓产出（output），一般是指一个机构能够提供的公共产品或服务，相当于半成品；而所谓结果（outcome），是产出

的进一步延伸,指政府最终想要达到的效果,相当于产成品。相对结果而言,产出更容易衡量,但是它们可能忽视了更大范围的有效性,也可能产生目标扭曲的风险。根据一些国家的经验,仅仅关注产出的机构不能有效地满足公众的需求和达成更广泛的社会结果。于是结果预算进入了公众的视野,使关注重点转向结果而不仅是产出。目前,大部分实施绩效预算的国家都采用了产出和结果相结合的方法,更为重视结果预算的导向作用。

从部门支出目标层面看,可以将部门预算分解为相应层级的部门目标,从上至下依次是总体任务、主要活动、具体项目。其中,具体项目是部门预算编制的项目单元,基本上可对应到项目预算上;主要活动反映部门事业发展的目标,反映通过实施主要活动实现了哪些产出,大致可对应为产出预算的内容;总体任务反映部门职责、履职情况以及通过履行总体任务达到了什么样的效果,可归纳为结果预算的层级。从项目预算到产出预算、结果预算,清晰地说明了预算制度内容重点的变化。

第三节 财政管理手段的递进:从集权到授权,再到分权

在传统的预算方式下,财政管理强调权力的集中,预算资源的分配主要由财政部门承担和实施,财政部门在其中拥有强有力的主导权,预算部门和地方财政部门则基本处于被动地位,发挥的作用相对有限。因此,处于这一发展阶段的财政管理,基本上是以财政集权为主要手段的。

随着部门预算改革措施的推行,部门作为预算的主体地位得到了体现和加强,在预算分配上开始享有更多的发言权,实现了"部门预算是本部门预算"的目标,在项目支出顺序安排及其使用上也获得了更多的授权。同时,近年来实施的预算绩效管理,建立了有效的激励机制,部门对本部门及所属预算单位支出绩效负责,在加强绩效评价结果应用上也拥有了更多的自主权。预算绩效管理体系的完善,将进一步促进财政管理从集权向授权方式递进,并通过加强授权,为绩效预算下的分权创造条件。

在传统行政模式下,过分集权和僵化的规章制度会压抑组织的积极性和创新意识,最终导致效率低下,因此也很难实现预算支出的有效性。现行的预算绩效管理和预算改革强调通过控制和技术变革提高支出效率,而

绩效预算要求财政分权，鼓励下级参与和协作，主张下放预算决策权、管理权，通过放权进一步提高绩效来获益。西方发达国家在推进绩效预算改革的实践中，十分注重财政分权制度建设，很多国家取得了财政分权与绩效管理协调发展的经验。例如，在克林顿执政美国政府时期，副总统戈尔领导的国家绩效评估委员会认为政府成本太高，如果实行更好的制度、测量、评估、授权、分权，便能产生一个具有变革性、更富有反应力的政府。他们认为，绩效评估与授权、分权制度一起，是构建有效政府的基础。新西兰绩效预算（评估）的步骤包括四个主要的环节："发出指示"（Setting Direction）、"分权化管理"（Decentralized Management）、"责任体系"（Account-ability）及"反思及调整"（Reflective Adaptation）。其中，实施财政分权改革是重要环节和内容。

　　财政分权是在职能明确下的责任下放，为绩效管理提供了制度平台，有助于明确绩效管理的内容和目标，促进绩效预算的发展；而绩效预算则为财政分权提供了技术保障，进一步推进了政府绩效管理，促进整个社会的宏观稳定程度，有助于破解"分权困境"（Decentralization Dilemma）。没有结果导向的绩效管理，会造成重复建设，出现公共服务市场化改革中的群分效应和动态效率损失等现象，导致宏观经济不稳定。同时，通过绩效评价、绩效预算等手段保证过程透明和信息公开，把公共部门在各方面的表现情况做出全面、科学的描述并公布于众，有利于降低财政分权中的交易费用，更好地实现财政分权目标。

第四节　公共财政框架的演化：使政府管理走向市场管理、民主治理

　　通过1998年以来的预算管理改革，初步形成了适应社会主义市场经济发展要求的公共财政框架，政府职能得以理顺，市场边界更加清晰，公共产品供给范围和方向更加明确，财政管理逐渐从重投入向重产出观念转变。在公共财政框架下，财政支出更注重合理性，强调将纳税人的钱用在满足社会公共需要上，以提供更多的公共产品和服务。为此，政府管理要实现从"管政府钱"的管家向"用纳税人钱"的经理人的身份转变，按照市场

机制用出效益,提高财政预算效率。实施绩效预算,不仅可以进一步增强财政支出的规范性,更能为财政管理的有效性提供制度保障。随着预算绩效理念的引入,财政效益已逐渐成为公共财政框架的基本要求和核心内容,贯穿于整个公共财政资金运动过程中,而绩效预算所强调的效益理念正是市场管理所追求的重要目标。特别是绩效预算中的总额控制和结构优化,以及执行中的强化市场信号、引入市场竞争机制等内容,都是市场管理要求在公共财政框架下的体现,使原来传统的政府管理走向市场管理。

进一步讲,绩效预算是基于公民委托下的一种民主参与预算的诉求机制的"升级版",使公民可以有效地表达对公共产品和服务的偏好及需求,体现了绩效管理的核心准则和对顾客负责的服务取向,同时也能够更好地加强社会公众对政府部门的监督,使公共部门资金的来龙去脉、提供的公共服务的效率与水平等均置于"众目睽睽"之下,进而促进政府行政转向"透明公开",有助于转变政府职能,实现公共财政的民主治理,使民主理财落地生根。

公共财政的民主治理是政府对公众受托责任的本质要求,是绩效预算得以有效实现的政治路径。党的十八届三中全会也提出了"推进国家治理体系和治理能力现代化"的要求,为实现政府由管理向治理方向转变,推动建立绩效预算民主治理模式指明了方向。在绩效预算改革过程中,发达国家主要形成了两种不同的针对预算管理的民主治理模式。一种是英美模式,该模式强调政府对公众的受托责任,在公共财政框架下实行更为严格的绩效预算控制与绩效预算管理;另一种是欧洲大陆模式,此模式更强调政府对议会的受托责任,将绩效理念融入立法机构对公共财政支出的约束与控制的政治过程中。就现实国情和我国公共财政框架演进的选择而言,未来的绩效预算改革在治理路径上可以结合这两种模式,并更多地以英美模式为参考,明确提出基于绩效预算基础上的我国公共财政的借鉴框架:一方面,加强各级人民代表大会对预算及其绩效的监督,明确公民与政府间的公共委托代理关系;另一方面,在政府内部构建严格的预算绩效控制体系,利用绩效协议完善政府内部的委托代理关系。在上述基础上,从立法和行政两个层面构建起完善有效的绩效预算制度,促进带有市场管理理念、民主治理方式"烙印"的现代公共财政框架形成。

综上所述，绩效预算是现代预算发展的高级形态，其实现需要艰巨的、长期的组织改造和体制改革。目前我国推进的预算绩效管理是部门预算走向绩效预算的一个过渡形态，距离绩效预算的要求存在较大差距，还需要通过不断深化预算体制改革加以实现。2018年，中共中央、国务院出台的《关于全面实施预算绩效管理的意见》，已经明确了全面实施预算绩效管理的目标和方向，提出了创新预算管理方式，更加注重结果导向、强调成本效益、硬化责任约束，力争用3～5年时间基本建成全方位、全过程、全覆盖的预算绩效管理体系，实现预算和绩效管理一体化，着力提高财政资源配置效率和使用效益，改变预算资金分配的固化格局，提高预算管理水平和政策实施效果，为经济社会发展提供有力保障的总体要求。全面实施预算绩效管理将成为今后几年绩效预算改革的核心任务，通过持续推进预算绩效管理的常态化、规范化、法制化为实现绩效预算奠定坚实基础。

参 考 文 献

[1] 彭锻炼. 财政分权与绩效管理的相互关系研究 [J]. 湖北经济学院学报，2011 (7)：86-90.

[2] 马强. 公共预算制度改革路径研究 [J]. 经济与社会发展，2012 (3)：36-39.